闲暇创造价值

长三角高管人员闲暇消费研究

汤超义 著

上海财经大学出版社

本书由上海国家会计学院资助出版

图书在版编目(CIP)数据

闲暇创造价值:长三角高管人员闲暇消费研究/汤超义著.—上海:上海财经大学出版社,2023.10
ISBN 978-7-5642-4216-9/F·4216

Ⅰ.①闲… Ⅱ.①汤… Ⅲ.①消费经济学-研究 Ⅳ.①F014.5

中国国家版本馆 CIP 数据核字(2023)第 132564 号

□ 责任编辑　肖　蕾
□ 封面设计　张克瑶

闲暇创造价值
长三角高管人员闲暇消费研究
汤超义　著

上海财经大学出版社出版发行
(上海市中山北一路 369 号　邮编 200083)
网　　址:http://www.sufep.com
电子邮箱:webmaster@sufep.com
全国新华书店经销
上海华业装璜印刷厂有限公司印刷装订
2023 年 10 月第 1 版　2023 年 10 月第 1 次印刷

710mm×1000mm　1/16　13.5 印张(插页:2)　191 千字
定价:78.00 元

前　言

人类发展经历了"休闲——工作——休闲"的历史轨迹。原始人在丛林中采摘果实,打闹嬉戏,既吃饱了又玩得开心。对他们而言,休闲就是工作,工作就是休闲。自从"财富"出现,人们就迷失了,终其一生穷尽心力去追逐,最后发现,它生不带来死不带去,只留下叹息。但是,人们对青山绿水有一种天然的热爱,有一种想拥抱大自然的冲动。究其原因,是我们的祖先就曾生活在青山绿水之中,我们的基因中蕴藏着与大自然相连的神奇密码。当人们不为"五斗米折腰"、不为"稻粱谋"时,就会深入地思考生活的意义和目的,闲暇时间和消费内容就会被人们关注。这时,闲暇会创造价值,不仅是为个人创造价值,也会为社会创造价值。

闲暇时间和消费内容是闲暇消费的两大核心构成要素,是衡量人们生活质量和社会文明程度的重要指标。马克思指出:闲暇时间的多少是衡量劳动生产力发展水平的尺度,闲暇时间增多是社会进步、国家文明的一个重要象征。苏东坡说:"江山风月,本无常主,闲者便是主人。"(《临皋闲题》)闲,是人生非常宝贵的状态。黄庭坚说:"人生政自无闲暇,忙里偷闲得几回。"(《和答赵令同前韵》)繁忙当中的闲暇,才弥足珍贵。闲暇质量对人们的生活水平来说非常重要,我们要大力推广对身心有益、对社会有利的闲暇消费,增加闲暇时间,提高闲暇质量,为自己创造价值。引导人们进行合理的闲暇消费,为社会创造价值,正是本书的研究目的之一。

怎样增加闲暇时间？书中提出了"新时间四分法""闲暇时间边界移动性"理论和"闲暇时间延展"思想，总结了增加闲暇时间的两种方法——"物理闲暇"和"心理闲暇"。在激烈的社会竞争中，"心理闲暇"的可操作性强，更加行之有效。

怎样提高闲暇质量？在珍贵的闲暇时间中，人们该拥有什么心态、消费什么内容？本书提出了闲暇消费的定义："有闲，有钱，有心情，有品位。""有闲，有钱"是"身闲"，"有心情，有品位"是"心闲"。书中将"四类时间""三类空间"组合，得出闲暇消费"时空二维图"的"十二类时空"；将对时间和资金的占用组合，得出闲暇消费"钱闲二维图"的"四大类闲暇消费品"；将时间、空间、闲暇消费品三个元素组合，得出"时间、空间、消费品三维图"。从市场营销的视角分析，发生资金占用的闲暇消费内容蕴藏着巨大的商机。在此基础上，本书得出了闲暇消费的市场分布图。

本书基于闲暇时间的视角研究闲暇消费，选择长三角高层管理人员（以下简称长三角高管人员）作为问卷调查的对象，通过实证分析得到长三角高管人员闲暇消费"需求—动机行为相关性分析图"，然后结合闲暇消费经济模型和长三角高管人员闲暇消费经济模型进行定量分析。

闲暇消费研究具有较强的现实意义：对国家而言，可以挖掘和培育绿色消费市场，为居民的消费升级寻找突破口，为经济高质量发展培养新的增长点，弥补我国与发达国家闲暇经济发展的差距，弥补闲暇理论与实践的差距；对社会而言，倡导正确的闲暇消费理念，引导正外部效应闲暇消费，可以提高民众生活质量，有助于构建和谐社会；对环境而言，高层次的闲暇消费更接近精神层面，对自然资源的消耗更少；对政府而言，闲暇理念的传播，对于建设学习型政府很有帮助；对企业而言，通过分析闲暇消费细分市场、高管人员的闲暇消费行为及其闲暇消费项目，对市场营销的目标市场选择具有参考价值；对消费者而言，闲暇消费相关理论和思想，如"闲暇时间边界移动性""闲暇时间延展"等有很强的可操作性，分析时间和收入约束对提高闲暇消费质量、引导闲暇消费行为以及合理安排闲暇消费项目颇为重要。

前　言

长三角自然条件优越、区位优势明显、经济实力雄厚、科教文卫发达,是拉动全国经济增长的重要地区。长三角文化底蕴深厚,其主流的闲暇消费方式对全国有示范效应。高层管理人员是长三角的精英,研究他们的消费行为,对洞察消费趋势具有重要的意义。我们在研究长三角高管人员的消费行为时,力求提出消费建议,以引导其进行合理消费,并鼓励广大民众消费外部成本较低的商品和服务。

汤超义

2023 年 9 月

目 录

第一章 导论 / 1
    第一节 缘起和研究背景 / 3
    第二节 研究范围界定 / 12
    第三节 研究思路与主要内容 / 18
    第四节 研究方法、研究意义和主要创新 / 20

第二章 国内外闲暇消费理论研究综述 / 27
    第一节 国外闲暇消费研究 / 29
    第二节 中国当代闲暇消费研究 / 44

第三章 中国古代闲暇思想与闲暇消费行为综述 / 57
    第一节 闲暇在中国历史上地位的变迁 / 59
    第二节 中国古代闲暇思想和闲暇消费行为的特征 / 63
    第三节 中国古代闲暇活动的主要内容 / 81

第四章 "新时间四分法"及其在闲暇消费研究中的应用 / 99
    第一节 传统时间分类法 / 101
    第二节 "新时间四分法"研究路径 / 104
    第三节 "新时间四分法"在闲暇经济理论中的应用 / 113

第四节　闲暇消费"时间、空间、消费品三维图"（T-S-P 三维图）/ 119

第五章　长三角高管人员闲暇消费分析 / 131
第一节　长三角高管人员闲暇消费品"T-S-P"分析 / 133
第二节　长三角高管人员闲暇消费需求分析 / 154

第六章　研究结论及思考 / 171
第一节　研究结论 / 173
第二节　决策思考 / 175
第三节　研究的不足及展望 / 177

参考文献 / 179

附录一　"长三角高管人员闲暇消费研究"调查问卷 / 195

附录二　我的恩师陈启杰 / 199

附录三　自然进入人生三重境界 / 202

致谢 / 205

后记 / 208

第一章

导论

第一节　缘起和研究背景

一、缘起

我曾一度为博士论文的选题方向一筹莫展。一天,我在书房里与先哲们"对话",不期然遇到北宋文学家苏东坡,他对我说:"江山风月,本无常主,闲者便是主人。"在夜深人静时读到这句话,我眼泪都快流出来了。多少岁月,我们劳碌奔波,却目标不明,别说做一时一刻江山风月的主人,连做自己主人的时间都少之又少。

我又遇到北宋文学家黄庭坚,他比苏轼小八岁,与苏轼齐名,并称"苏黄"。他对我说:"人生政自无闲暇,忙里偷闲得几回。"人生有各种奔忙:忙于政务、忙于工作、忙于生计等,常常没有闲暇时间,难得有几次忙里偷闲的机会。我被"棒喝",于是"顿悟":不是所有的"闲"都有价值,只有繁忙当中的闲暇才弥足珍贵。人一旦闲得太久,可能会转化为压力,带来困扰,则人生会被一些没有意义甚至有害的事情填充。因此,仅有"闲"还不够,还要"暇",即心情愉悦、从容淡定。于是,我得出结论:闲暇是一门学问,闲暇需要智慧。

于是,我确定了博士论文选题——闲暇创造价值,试图解决以下几个问题:如何让自己有闲暇时间?如何让人生在闲暇时间中过得有意义、有价值?如何既为自己创造价值,也为社会创造价值,实现人生价值的最大化。

江山依旧,风月犹存,万千君主,今在何方?就算他们当时名义上拥有某一片江山,但未必是真主人。

要做江山风月真正意义上的主人,必须具备两个条件:第一,身临。如果我们不身临现场,而只是在电脑旁、手机上观看,则无法真实地感受到震撼和冲击。有人预测,随着科学技术、网络技术的发展,人们最终会进入虚拟世界,到时就不需要旅游,甚至不需要面对面交流。虚拟世界固然会给人们带来新奇,但是,新奇过后,人们还将回到真实世界。有一天,庄子梦见自己化作一只蝴蝶,醒来后还有点迷糊:是自己做梦化为了蝴蝶呢?还是蝴蝶做梦化成了自己?这就是著名的"庄周梦蝶"的故事。对此,人们有很多解读。本人的解读:虚拟世界固然唯美,但不能一直身处虚拟世界。美梦虽然让人沉醉,但是总有梦醒时分。第二,心至。虽然我们身处美景之中,但是,如果心不在焉、视而不见、听而不闻,仍然无法拥有眼前的江山风月。只有身心俱到,我们才能真正拥抱身边的美景,无需做王公贵族,也能成为江山风月此时此刻的主人!因此,"闲"包含两大类:身闲、心闲。只有身心俱闲,才是真正的"闲暇"。

于是,我总结了闲暇消费四要素:(1)有钱;(2)有闲;(3)有心情;(4)有品位。有钱、有闲是"物理闲暇",又称"身闲";有心情、有品位是"心理闲暇",又称"心闲"。怎么样让"有钱"的人变得"有闲",让"有钱、有闲"的人变得"有心情",让"有钱、有闲、有心情"的人变得"有品位"?这是闲暇消费要研究的问题,即"闲暇消费四层次":第一层次,有钱;第二层次,有钱+有闲;第三层次,有钱+有闲+有心情。第四层次,有钱+有闲+有心情+有品位(见图1.1)。

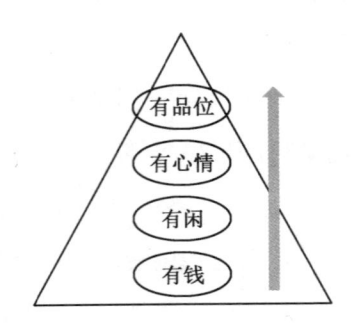

图 1.1 闲暇消费四层次

什么是"有钱"?这是一个颇具争议的话题。在《道德经》中,老子从正、反两方面阐述了"知足"的重要性。"知足者富",富裕不是由客观的物质财富决定,而是与主观的知足状态相关。"知足常足",容易满足才会常常感到满足。"知足常乐",容易满足才会常常感到快乐。"祸莫大于不知足",没有什么祸害会比不知足更大的了！如果人不知足，就会掉入贪婪的漩涡，导致各种祸害的降临。老子的"知足"财富观对中华民族影响深远：主观上的富有之感可以弥补客观上的财富不足。

因此，本书运用老子的思想，界定"有钱"：自己觉得自己"有钱"，就是"有钱"。这也是闲暇消费的底层逻辑。如果一直认为自己缺钱，就会不停地追逐，于是，就难以上升到第二层次："有闲"。随着人们生活水平的不断提高，很多人不再"为五斗米折腰"，也不再"为稻粱谋"。只要合理引导，"有钱"的人会越来越多。随着科学技术的进步、生产效率的提高，为生存之需所耗费的时间会越来越少，"有闲"的人会越来越多。

要进入第三层次"有心情"就有一些难度了。宋朝文学家辛弃疾在《摸鱼儿》一词中感叹道："闲愁最苦！休去倚危栏，斜阳正在，烟柳断肠处。"闲时的忧愁最让人痛苦！这个时候千万不要登上高楼，倚靠栏杆，因为落日渐渐沉入雾气弥漫的柳林，那里正是令人断肠之处。辛弃疾满腔热血却报国无门，才华横溢却仅任闲职。这种闲是愁、苦，不是闲暇。

进入第四层次"有品位"则更难。俗话说得好："事到无心皆可乐，人非有品不能闲。"当我们没有企图心、没有功利心去处世的时候，当我们以热爱的心态去做事的时候，常常会很快乐、很开心。没有品位的人如果有钱、有闲，那是一件很麻烦，甚至很危险的事。因为他可能会闲得无聊、无事生非、无中生有，可能会做出危及自身，甚至危及社会的事情。

提高人们闲暇消费的品位，既是闲暇消费研究和闲暇消费教育的目标和使命，也是休闲产业的重要商机所在。

有品位、高水平的闲暇消费，更加接近精神层面，对自然资源的消耗少。比如，当代诗人海子的"面朝大海，春暖花开"、北宋文学家欧阳修的"清风明月本无价"、北宋诗人苏舜钦的"近水远山皆有情"。对于大海、春花、清风、明月、近水、远山的欣赏、感怀，使人获得了美好的享受，却又不对自然造成破坏。当然，是不是花钱另当别论，有些对自然资源消耗很少的闲暇消费可能很费钱，消费者也愿意为此付费,这就体现出闲暇消费品提供者的功力。

因此,本书的研究目的是:增加闲暇时间,优化闲暇消费,提高生活质量,为自己创造价值。引导人们进行合理的闲暇消费,为社会创造价值。其中蕴含着巨大的商机,也为营销学研究提供了广阔的空间。

二、研究背景

人类社会历经了多次重大的经济变革浪潮的洗礼,主要有四个重要的时代:农业时代、工业时代、服务时代、信息时代。英国《经济学家》杂志 1999 年 12 月号曾发表了一篇文章:"全球经济将出现五大浪潮",作者是未来学家格雷厄姆·莫利托。他预言,2015 年前后,人类将进入休闲时代(又称闲暇消费时代),西方发达国家,首先是美国,将率先进入"闲暇消费时代",届时,闲暇消费产值将占 GDP 的 50% 以上,而发展中国家将紧随其后。在未来的岁月里,人类还将迎来另外五大浪潮,它们分别是:休闲、生命科学、宏材料、新原子和新太空。莫利托指出,闲暇消费经济会使人们的生活观点、处事态度和闲暇活动发生许多新的变化。人们购买的将是体验而不是物品,一些新的领域,如提供奇遇和冒险等的行业将会应运而生,而且会兴旺繁荣。

在闲暇消费时代,中国消费市场发生了新变化。改革开放以来,我们的前进步伐快速而稳健,经济得到突飞猛进的发展。以 1978—2021 年为例,全国城镇居民家庭人均可支配收入从 343 元增长到 47 412 元,增长了 137 倍;国内生产总值从 3 645 亿元增长到 1 143 670 亿元,增长了 312 倍;恩格尔系数从 57.5% 下降到 28.6%。恩格尔系数下降,说明食品支出占个人消费总支出的比例下降,意味着人们可以有更多的资金用于闲暇消费。

从定性分析角度来看,一个国家或地区进入闲暇消费时代的标志是:该国家或地区人民的物质财富非常丰富;民众的闲暇时间很多;国民的文化素质和文明程度很高;传统的"重生产,轻生活;重积累,轻消费"的理念被颠覆;传统的工作时间和闲暇时间的界限模糊;多元文化相融的"地球村"理念被广泛接受。

从定量分析角度来看,一个国家或地区是否进入闲暇消费时代,取决于该国家或地区的人均收入、恩格尔系数、闲暇时间等因素。下面介绍定量分析的相关指标。

1. 人均收入

研究表明,按照国际经验,一个国家或地区的闲暇消费发展历程要经历三个阶段。第一阶段,即人均可支配收入为 1 000～2 000 美元,这个时期,一个国家或地区观光类旅游的需求急剧膨胀。第二阶段,即人均可支配收入为 2 000～3 000 美元,这个时期,一个国家或地区闲暇消费需求急剧增长并且呈现出多样化,闲暇消费品种类繁多,闲暇消费有了更多的选择。第三阶段,即人均可支配收入超过 3 000 美元,这个时期,度假需求普遍产生,闲暇消费将进入一个全新的阶段。

综上所述,人均可支配收入超过 3 000 美元是一个国家或地区闲暇消费时代来临的标志。

据国家统计局提供的资料显示,城镇居民进入闲暇消费第一阶段的时间,全国是 2003 年,江苏是 2002 年,浙江是 1999 年,上海是 1996 年。城镇居民进入闲暇消费第二阶段的时间,全国是 2008 年,江苏是 2007 年,浙江是 2005 年,上海是 2004 年。上海于 2007 年率先进入闲暇消费第三阶段,浙江是 2009 年,江苏是 2011 年,全国是 2013 年(见表 1.1)。

表 1.1　　长三角城镇居民家庭人均可支配收入与全国平均数的比较表

(1978—2021 年)　　　　　　　　　　　　　　　单位:元

年　份	城镇居民家庭人均可支配收入			
	江苏	浙江	上海	全国
1978	288	332	—	343
1980	433	488	637	478
1981	448	523	637	500
1982	484	530	659	535
1983	498	551	686	565
1984	626	669	834	652

续表

年 份	城镇居民家庭人均可支配收入			
	江苏	浙江	上海	全国
1985	766	904	1 075	739
1986	910	1 104	1 293	901
1987	1 005	1 228	1 437	1 002
1988	1 218	1 589	1 723	1 180
1989	1 372	1 797	1 976	1 260
1990	1 464	1 932	2 183	1 510
1991	1 623	2 143	2 486	1 701
1992	2 138	2 619	3 009	2 027
1993	2 774	3 626	4 277	2 577
1994	3 779	5 066	5 868	3 496
1995	4 634	6 221	7 172	4 283
1996	5 186	6 956	8 159	4 839
1997	5 765	7 359	8 439	5 160
1998	6 018	7 837	8 773	5 425
1999	6 538	8 428	10 932	5 854
2000	6 800	9 279	11 718	6 280
2001	7 375	10 465	12 883	6 860
2002	8 178	11 716	13 250	7 703
2003	9 263	13 180	14 867	8 472
2004	10 482	14 546	16 683	9 422
2005	12 319	16 294	18 645	10 493
2006	14 084	18 265	20 668	11 760
2007	16 378	20 574	23 623	13 786
2008	18 680	22 727	26 675	15 781
2009	20 552	24 611	28 838	17 175
2010	22 944	27 359	31 838	19 109
2011	26 341	30 971	36 230	21 810
2012	29 677	34 550	40 188	24 565
2013	32 538	37 851	43 851	26 955
2014	34 346	40 393	47 710	28 884
2015	37 200	43 700	52 962	31 195
2016	40 152	47 237	57 692	33 616

续表

年 份	城镇居民家庭人均可支配收入			
	江苏	浙江	上海	全国
2017	43 622	51 261	62 596	36 396
2018	47 200	55 574	68 034	39 251
2019	51 056	60 182	73 615	42 359
2020	53 102	62 699	76 437	43 834
2021	57 743	68 487	82 429	47 412

资料来源：根据中国国家统计局、江苏省统计局、浙江省统计局、上海市统计局历年的统计年鉴整理。

2. 恩格尔系数

恩格尔系数，即食品支出占消费支出的比重。联合国粮食及农业组织根据恩格尔系数，将人们生活水平划分为五类(见表1.2)。

表1.2　　　　　　　据恩格尔系数划分生活水平标准表

恩格尔系数	生活水平状况
60%以上	贫困
50%～59%	温饱
40%～49%	小康
30%～39%	富裕
30%以下	很富裕

根据联合国粮食及农业组织的划分标准，本书对我国城镇居民恩格尔系数变化趋势进行分析。

从我国城镇居民恩格尔系数的变化情况可以看出，改革开放以来，居民生活水平经历了四个阶段(见表1.3)。第一阶段：1978—1995年，恩格尔系数为50%～59%，整体处于温饱阶段；第二阶段：1996—2000年，恩格尔系数为40%～49%，整体处于小康阶段，恩格尔系数呈明显下降趋势，仅用五年时间就跨越了一个阶段；第三阶段：2001—2014年，恩格尔系数为30%～39%，进入富裕阶段；第四阶段：2015年至今，恩格尔系数小于30%，进入很富裕阶段。

表 1.3　　　长三角城镇居民恩格尔系数与全国平均数的比较表

（1978—2021 年）　　　　　　　　　　　　　　　单位：%

年　份	城镇居民恩格尔系数			
	江苏	浙江	上海	全国
1978	55.1	—	—	57.5
1980	55.1	—	56.0	56.9
1981	55.9	55.6	56.8	56.7
1982	58.2	57.3	58.9	58.6
1983	58.6	59.5	58.5	59.2
1984	56.3	56.2	56.5	58.0
1985	52.5	51.3	52.1	53.3
1986	51.2	50.8	52.7	52.4
1987	52.0	51.8	54.4	53.5
1988	50.8	51.0	52.7	51.4
1989	53.9	54.7	55.8	54.5
1990	55.5	55.1	56.5	54.2
1991	55.7	55.0	56.9	53.8
1992	53.9	51.6	55.9	52.9
1993	49.4	49.4	53.1	50.1
1994	50.1	47.4	53.5	49.9
1995	51.9	47.0	53.4	49.9
1996	51.0	46.9	50.7	48.6
1997	47.7	43.9	51.7	46.4
1998	45.1	42.5	50.6	44.2
1999	44.1	40.3	45.2	42.1
2000	41.1	39.2	44.5	41.3
2001	39.7	36.3	43.4	37.0
2002	40.4	37.9	39.4	36.4
2003	38.3	36.6	37.2	35.5
2004	40.0	36.2	36.4	35.8
2005	37.2	33.8	35.9	34.5
2006	36.0	32.9	35.6	33.3
2007	36.7	34.7	35.5	33.6
2008	37.9	36.4	36.6	34.5
2009	36.7	34.7	35.5	32.9

续表

年 份	城镇居民恩格尔系数			
	江苏	浙江	上海	全国
2010	36.5	34.3	36.4	31.9
2011	36.1	34.6	35.5	32.3
2012	35.4	35.1	36.8	32.0
2013	28.4	28.2	34.9	30.1
2014	28.5	28.3	26.8	30.0
2015	28.1	28.2	26.2	29.7
2016	28.0	28.2	25.1	29.3
2017	27.5	27.9	24.7	28.6
2018	26.1	27.1	24.1	27.7
2019	25.5	27.1	23.4	27.6
2020	26.8	27.4	25.7	29.2
2021	—	—	—	28.6

资料来源：根据中国国家统计局、江苏省统计局、浙江省统计局、上海市统计局历年的统计年鉴整理。

长三角城镇居民恩格尔系数变化分为四个阶段。第一阶段：江苏，1978—1996年；浙江，1978—1993年；上海，1978—1998年。第二阶段：江苏，1997—2004年；浙江，1994—2000年；上海，1999—2002年。第三阶段：江苏，2005—2012年；浙江，2001—2012年；上海：2003—2013年。第四阶段：江苏，2013年至今；浙江，2013年至今；上海，2014年至今。

美国20世纪80年代、日本20世纪90年代平均的恩格尔系数分别为16.45%和24.12%。中国的恩格尔系数呈持续平稳下降的趋势，2015年全国居民恩格尔系数降为29.7%。

根据联合国粮食及农业组织的划分标准，当一个国家和地区居民恩格尔系数在30%以下，就处于很富裕的生活水平，这也是闲暇消费需求最旺盛的时期。因此，恩格尔系数低于30%，是闲暇消费时代到来的另一个重要标志。

3. 闲暇时间

闲暇时间的多少是人类社会进入"闲暇消费时代"的第三个重要标志。当一个国家或地区中的大部分人有近 50% 的时间用于休闲时,这标志着休闲时代就要到来了。因为,那时的闲暇时间将大大地超过劳动时间。

中国的情况如何呢？劳动法专家、中国人民大学教授彭光华曾经算了一笔闲暇时间账。我国从 1995 年 5 月起,实行了每周五天工作制,共有 52 个双休日。后来,国家又陆陆续续调整、增加了各种法定节假日。元旦、春节、清明节、劳动节、端午节、中秋节、国庆节等节假日,共有 11 天。这是大家都能享受到的。妇女节、青年节、儿童节、建军节,各放假半天,少数民族重要节日当地可放假,这是部分人能享受的。带薪年休假:工作满一年,可以休 5 天;工作时间越长,休假时间越多。国家还明确规定,法定休假日、带薪年休假与双休日互不抵消。因此,上班族通常每年有 120 个左右的休息日,即每年有 1/3 左右的闲暇时间。彭光华说,对于部分人群,特别是教师,还有寒暑假;一些单位还有探亲假,也不冲抵带薪年休假,算下来,这部分人群休息日更多,可达到 150 天甚至是 180 天,闲暇时间已经接近 1/2。

当然,我们与一些发达国家相比还有差距,例如,1970 年美国成人闲暇时间占全部时间之比为 30%,1995 年增加至 38.8%。[1] 还有一些发达国家已向每周 4 天工作制迈进。但是,我们的发展速度已经相对令人瞩目了,只花了不到 20 年的时间,就实现了西方国家花一百余年的时间才拥有的休假权利。这表明,我们已经融入了整个国际休闲社会的背景。

第二节　研究范围界定

一、闲暇的定义

多数研究侧重从社会学角度解释闲暇。

---

[1] Godbey G. *Leisure in Your Life: An Exploration* [M]. State College, PA: Venture Publishing, Inc., 1999: 63.

"休闲学之父"亚里士多德称闲暇为手边的时间。他非常重视休闲,在《政治学》一书中说:"休闲才是一切事物环绕的中心。"

马克思说,"闲暇"是用于娱乐和休息的暇余时间,是在精神上掌握自由的时间,是不被生产所吸收的非劳动时间。它包括个人用于接受教育、发展智力、履行社会职责、进行社交活动、自由运用体力和脑力等的时间。闲暇时间是摆脱了各种社会责任后的剩余时间,闲暇的本质是自由。①

《辞海》(1999年版)对闲暇的定义是:"空闲、暇时;悠闲自得貌。"

李仲广和卢昌崇系统地分析了闲暇及其相关理论,他们认为,闲暇是以时间形态存在的宝贵财富,不同的闲暇形式具有不同的活动内容和意义。闲暇具有相对性和结构性:闲暇的经济价值等于工资率乘以闲暇时间。此外,李仲广等还研究了衡量闲暇的相关指标:闲暇率,即闲暇数量除以时间禀赋;闲暇工作比,即闲暇数量除以工作时间;闲暇公平度,反映不同人的闲暇差距,用方差来衡量和表示。②

大部分专家和学者将闲暇和闲暇时间的概念等同。

美国经济学家凡勃伦认为,闲暇是指人们除劳动之外用于消费产品和自由活动的时间。③

张旭昆和徐俊将闲暇定义为一个时间概念,他们认为闲暇就是与劳动相对立的一个时间范畴,除了劳动时间以外的所有时间都是闲暇。④

本书也将闲暇的概念等同为闲暇时间,并对闲暇时间定义如下:个人总的时间减去生存必需时间、社会义务时间和家庭义务时间之后的剩余时间。闲暇时间是个人和社会重要的财富。

---

① 马克思,恩格斯. 马克思恩格斯全集:第26卷[M]. 北京:人民出版社,1980:287.
② 李仲广,卢昌崇. 基础休闲学[M]. 北京:社会科学文献出版社,2004:40—43.
③ Veblen T. *The Theory of the Leisure Class*[M]. New York:The Macmillan Company,1999:21—30.
④ 张旭昆,徐俊. 消费的闲暇时间约束模型与假日经济现象[J]. 经济评论,2001(5):45—48.

二、闲暇消费的定义

综合国内外专家学者的论述,本书对闲暇消费定义如下:人们在闲暇时间内,支出货币,获取欣然的体验,以满足高层次需求的消费行为。

实现闲暇消费要满足以下几个基本条件:

(1)有钱。消费者要有支付能力。闲暇时间的产品或服务消费,必须通过货币支付获得,在闲暇时间内不付费的休闲活动不是闲暇消费。

(2)有闲。消费者要有闲暇时间。闲暇消费是人们在可自由支配的时间即闲暇时间里的消费,不仅是对闲暇产品、闲暇服务的消费,也是对闲暇时间的消费。

(3)有心情。闲暇消费以"欣然的体验"为结果。对于同一种闲暇消费品,不同的人,其闲暇消费的"体验"和效果大不相同,闲暇消费具有鲜明的个性化和很大的差异化特征。不管过程怎样,消费者的体验结果都应该是愉悦的、欣然的。

(4)有品位。闲暇消费是满足人类高层次的需求。其消费对象主要是享受和发展资料而不是基本生存资料,在闲暇时间内为基本生存而进行的消费不是闲暇消费。

"有钱、有闲"是闲暇消费的基本要求,二者缺一不可。如果一个人拥有大量的时间,但他必须"为五斗米折腰、为稻粱谋",基本生存的问题都没有解决,他就无法进行闲暇消费。如果一个人拥有很多的财富,但他整天忙忙碌碌,也无法享用闲暇消费的成果。因此,"有钱、有闲"代表着"身闲",是闲暇消费产业的主要关注对象。

俗话说得好:"事到无心皆可乐,人非有品不能闲。"一个"有钱、有闲"的人,如果有着一颗企图之心、贪婪之心,给他再多的财富、空闲,他也无法感到愉悦。而当一个人在没有企图心、贪婪心的情况下干某件事,他就会很开心、很快乐。因此,"有心情"是人在没有企图心、贪婪心时,所具备的一种愉悦的心情。

一个"有钱、有闲、有心情"的人,如果没有品位,那就可能是危险的,这种"无所事事""无事生非"的状态对己、对人的破坏性可能是巨大的。当今社会一些暴富的人,因为不懂"厚德载物"的道理,不知道上天赋予我们财富,其实是对我们人品的严峻考验,结果付出了惨痛的代价。"有品位"要求我们有教养、有格调,这也是闲暇消费更高的要求。因此,"有心情、有品位"代表着"心闲",这是闲暇消费的高级层次。

财富是身外之物,生不带来,死不带去。江山风月,数易其主,要想真正成为江山风月的主人,就要做一个"闲者"。怎样才能成为"闲者"?要具备两个条件:身临、心至。要欣赏一处美景,我们必须身临其境。只身临还不够,如果人在心不在,人到心不到,还是无法享受此情此景。只有我们的心和大自然的美丽紧紧相拥,我们才能真正成为大自然的主人。"身临"就是"身闲","心至"就是"心闲"。

由此可见,闲暇消费具有传统消费所不具备的特殊性。闲暇消费的质量反映了人们生活水平和生活质量,闲暇消费的普及是经济发展、社会进步的标志。

总而言之,"有钱、有闲"是闲暇消费的基本要求,"有心情、有品位"是闲暇消费的高层次要求。"有钱、有闲"是"身闲","有心情、有品位"是"心闲"。

三、长三角发展沿革

为推动和加强长江三角洲地区经济联合与协作,促进长江三角洲地区经济可持续发展,1997年由上海、南京、苏州、无锡、常州、镇江、南通、扬州、泰州、杭州、宁波、舟山、绍兴、湖州、嘉兴15个城市共同组成长江三角洲城市经济协调会。常务主席方由上海市担任,执行主席方由除上海市外的其他成员市轮流担任。协调会每两年举行一次正式会议,在常务主席方设联络处,作为常设办事机构。

2008年9月7日,《国务院关于进一步推进长江三角洲地区改革开放和经济社会发展的指导意见》发布,对长江三角洲地区(以下简称"长三角")进行了"扩容",其范围包括上海市、江苏省和浙江省。这个战略规划兼顾了区域平衡和互补,将苏北和浙西南地区纳入了长三角范围,使其成为最具增长潜力的地区,对拉动整个地区经济增长、促进长三角核心地区产业配置有着重要作用,在土地、资源、人才等方面明显提升了长三角的发展实力和潜力。

2010年5月24日,《长江三角洲地区区域规划》由国务院正式批准实施。它明确了长江三角洲地区发展的战略定位:亚太地区重要的国际门户、全球重要的现代服务业和先进制造业中心、具有较强国际竞争力的世界级城市群。

2014年9月25日发布的《国务院关于依托黄金水道推动长江经济带发展的指导意见》提出,促进长江三角洲一体化发展,打造具有国际竞争力的世界级城市群,并明确安徽省也作为长江三角洲城市群的一部分。长三角再次"扩容"。2016年5月11日,国务院常务会议通过《长江三角洲城市群发展规划》,要求培育更高水平的经济增长极;提出要发挥上海中心城市的作用,并打造好杭州、南京、合肥、苏锡常、宁波五个都市圈;到2030年,全面建成具有全球影响力的世界级城市群。

2018年11月5日,首届中国国际进口博览会在上海开幕,习近平主席在会上提出,支持长江三角洲区域一体化发展并上升为国家战略。2019年12月,中共中央、国务院《长江三角洲区域一体化发展规划纲要》正式印发。"长三角"41个城市进入了发展的快车道。

2022年9月28日,上海市、江苏省、浙江省人民政府联合编制的《上海大都市圈空间协同规划》发布,上海大都市圈范围包括上海、苏州、无锡、常州、南通、宁波、嘉兴、湖州、舟山。

既然有了"长三角",为什么还要规划"上海大都市圈"?

第一,"上海大都市圈"是长三角的"剑锋"。

《孙子兵法》说:"兵无选锋,曰北。"什么是"选锋"? 就是选一支优秀队伍,组成尖刀连、冲锋队、敢死队、特种部队。只有刀有刃、剑有锋,才能直插敌人心脏。打仗,如果没有"选锋",即使兵力强大,也会失败。

如果把长三角比作宝剑,那么上海大都市圈就是宝剑的剑锋。

2021年,德国的国内生产总值(Gross Domestic Product,GDP)为4.22万亿美元,日本的GDP为4.94万亿美元,长三角的GDP为4.28万亿美元。长三角区域面积35.8万平方千米,常住人口2.27亿人,2021年人均GDP 11.74万元。珠江三角洲区域面积5.5万平方千米,常住人口7 800万人,2021年人均GDP 12.8万元。但和其他城市群相比,长三角虽然体量大,但人均值不高。因此,长三角必须展示其"剑锋":上海大都市圈。

上海大都市圈陆域总面积5.6万平方千米,总人口近8 000万人,2021年GDP总计12.6万亿元。这样,上海大都市圈和世界其他大都市圈就有可比性,在人均指标上有很大的追赶空间。粤港澳大湾区总面积5.59万平方千米,人口8 600万人,2021年GDP总计12.63万亿元。二者各项指标非常接近。

第二,城市受益良多。

2016年,上海都市圈的规划范围是"1+6"。后来,常州和湖州加入,上海都市圈扩容为"1+8"。

长三角扩容,江苏受益更大。长三角原来的地理中心是嘉兴,安徽加入以后,其地理中心往西北移动,进入了江苏的腹地。上海大都市圈规划,令浙江受益更大,其地理中心的优势又回来了。

宁波和苏州两市受益巨大,被明确定位为上海大都市圈的"副中心","1+8"其实是"1+2+6"。苏州赶超南京的发展势头将继续保持。沪甬跨海通道建成后,上海与宁波的联结更加紧密。

舟山受益巨大。本来,舟山是长三角的尽头,交通受限。沪舟甬跨海大通道建成后,从上海临港经洋山、舟山可直达宁波,上海港和宁波舟山港实现连接,舟山变成枢纽。

受益的还有上海临港,它已成为上海通往浙东、福建的交通要道。2022年9月28日发布的《上海大都市圈空间协同规划》提出,要建成3个综合性全球城市,即苏州市区、宁波市区、临港新片区。

四、高管人员的界定

高层管理人员,简称"高管人员",是指在企业及行政事业单位中,处于高层领导岗位,具有决策权,从事管理工作的人员。

参考《公司法》的相关规定,本书所指企业高管人员包括董事长、副董事长、董事、监事、总经理、副总经理、总裁、副总裁、总会计师、总经济师、总工程师、财务总监、董事会秘书等。行政事业单位的高管人员主要是指单位的领导班子成员。

第三节 研究思路与主要内容

一、研究思路

本书首先对国内外关于闲暇消费的文献进行综述和评价,立足于中国古代的闲暇思想和国内外的闲暇时间理论,形成"新时间四分法""闲暇时间边界可移动性"理论和"闲暇时间延展"思想;其次,运用"新时间四分法"得出闲暇消费"时间、空间、消费品三维图",并对长三角高管人员的闲暇消费需求以及闲暇消费的经济模型进行实证分析;最后,得出研究结论及展望(如图 1.2 所示)。

二、主要内容

本书开宗明义,介绍了选择"长三角高管人员闲暇消费研究"这一课题的缘由,并界定相关的概念。

国外对闲暇时间理论的研究较为深入。本书从六个方面介绍国外闲暇时间理论。马克思奠定了闲暇时间理论研究的基础。国外对于闲暇时间的研究内容主要有:闲暇时间价值、闲暇时间类型、闲暇时间分配、闲暇时间与经济增长的关系、闲暇时间对收入的影响。

```
                ┌──────────────────┐
                │  文献回顾与评价  │
                └────────┬─────────┘
     ┌───────────────────▼────────────────────┐
     │ 理  ┌──────────────────────┐           │
     │ 论  │   中国古代闲暇思想   │           │
     │ 分  ├──────────────────────┤           │
     │ 析  │     闲暇时间理论     │           │
     │     └──────────────────────┘           │
     └───────────────────┬────────────────────┘
                ┌────────▼─────────┐
                │   新时间四分法   │
                └────────┬─────────┘
     ┌───────────────────▼────────────────────────┐
     │ 实  ┌────────────────────────────────────┐ │
     │ 证  │闲暇消费"时间、空间、消费品三维图" │ │
     │ 分  ├────────────────────────────────────┤ │
     │ 析  │          闲暇消费需求              │ │
     │     ├────────────────────────────────────┤ │
     │     │     闲暇消费的经济模型分析         │ │
     │     └────────────────────────────────────┘ │
     └───────────────────┬────────────────────────┘
                ┌────────▼─────────┐
                │   研究结论及展望 │
                └──────────────────┘
```

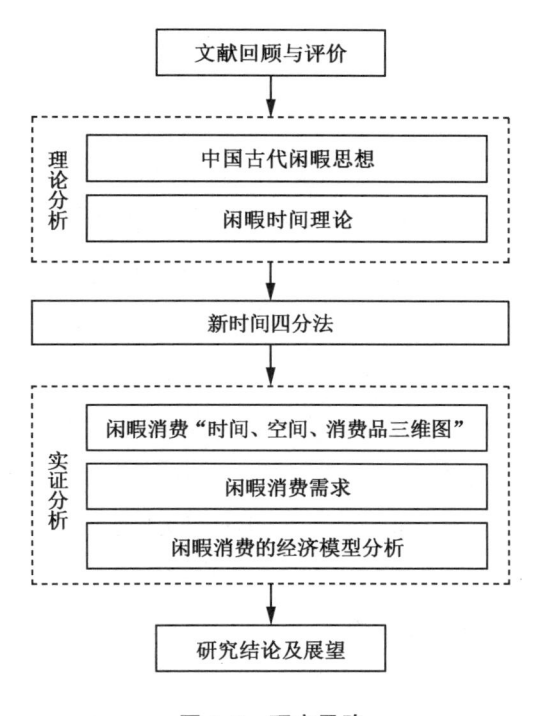

图 1.2　研究思路

20世纪90年代,中国学者开始关注休闲,其中,于光远是先驱者,马惠娣是扛鼎人物。国内研究闲暇消费的主要路径有定量分析、定性分析和实证研究。关于闲暇时间的研究,对居民闲暇时间变化趋势及其利用状况的研究较丰富,且这类研究大多基于实地调查。此外,还有对闲暇时间定义以及闲暇消费定义的研究。

中国古代的闲暇消费思想博大精深、源远流长,而"闲暇"一开始在中国历史上处于非主流地位。闲暇在中国历史上"登堂入室"是在唐朝,其标志性事件是禅宗六祖惠能使禅宗得以广泛传播。闲暇的理念真正"飞入寻常百姓家"是在宋朝,宋朝文化的主流就是休闲文化。明朝则是"心闲"向"身闲"下落的转折时代。中国古代闲暇思想和闲暇消费行为的特征有四个:一是闲暇思想与闲暇行为的矛盾;二是物理闲暇(身闲)与心理闲暇(心闲)的统一;三是在闲暇物质消费与闲暇精神享受间游移；四是中国古代闲暇消费方式以"静"为主。中国古代闲暇活动内容主要有四类：文、动、饮、色。

时间分类法是闲暇时间理论研究的基础。书中的"新时间四分法"将时间分为四类：生存必需时间、社会义务时间、家庭义务时间和闲暇时间，它与传统的时间分类法最大的区别就是，提出了"闲暇时间边界移动性"理论及"闲暇时间延展"思想。本书将"新时间四分法"的四类时间与休闲地、工作地、家庭地三类空间结合，组成"时空二维图"，得出 12 个相互关联的时空；将闲暇消费品对时间与资金的占用两个元素相结合，形成"钱闲二维图"，得到四种闲暇消费品组合。运用"新时间四分法"还可以探讨闲暇消费效用最大化。书中将"时空二维图"和"钱闲二维图"组合，得出"时间、空间、消费品三维图"，可以清晰地看到四个组合品在十二个时空中的分布。运用"新时间四分法"及"时间、空间、消费品三维图"，可以分析长三角高管人员闲暇消费主要项目在"时间、空间、消费品三维图"中的分布，以及对其进行实证分析。

分析长三角高管人员闲暇消费需求时，以经典的需求理论为依据，通过对闲暇时间与工作时间关系的经济学分析、对工作与闲暇的最佳均衡理论的阐述、对闲暇消费的起源的分析，得出闲暇消费需求的三个层次：怡悦的需求、尊重的需求、发展的需求。闲暇消费的三类需求产生了三类动机，决定了长三角高管人员的闲暇消费行为，即对消费项目和内容的选择，据此得出长三角高管人员闲暇消费需求、消费动机与消费行为的相关性分析图，并对长三角高管人员闲暇消费需求进行定量分析。

第四节　研究方法、研究意义和主要创新

一、研究方法

闲暇消费理论中，最重要的就是研究闲暇时间和闲暇消费内容。国内外关

于闲暇时间的研究相对较多。因为闲暇消费内容有着鲜明的时代性、显著的地域性和传承性，所以相关文章不多。鉴于此，本书在进行相关的文献综述时有所侧重：国外闲暇消费理论的文献综述部分，侧重对闲暇时间理论研究进行综述；国内闲暇消费理论的文献综述部分，将近年来较有影响的文章和专著加以整理分类，积集成篇。虽然中国当代的闲暇消费理论研究起步较晚，但是，中国古代的闲暇消费思想博大精深、源远流长，它们像一颗颗璀璨的明珠，散落在浩瀚的历史长河中，笔者试图捞起几颗，捧在手心，并串成一条美丽的珍珠项链献给读者。

闲暇消费包含两个重要的元素：闲暇时间和消费内容。本书抓住这个主线，从古到今、从国内到国外、从理论到实践、从定性到定量，力求全方位深度挖掘。闲暇时间理论是闲暇消费理论中最重要的组成部分，也是闲暇经济理论的重要课题。本书基于闲暇时间的视角研究闲暇消费，并利用长三角高管人员闲暇消费的调查资料对闲暇消费进行实证分析。

本书选择长三角地区的高层管理人员作为抽样范围，开展问卷调查工作。发放500份问卷，有效回收率为72%。

研究方法主要是：定性研究方法和定量研究方法相结合，以定量研究方法为主；规范研究方法与实证研究方法相结合，以实证研究方法为主。

二、研究意义

（一）选择研究长三角的意义

2008年，《国务院关于进一步推进长江三角洲改革开放和经济社会发展的指导意见》指出："长江三角洲地区包括上海市、江苏省和浙江省。""长江三角洲地区是我国综合实力最强的区域，在社会主义现代化建设全局中具有重要的战略地位和带动作用。改革开放特别是推进上海浦东开发开放以来，长江三角洲地区经济社会发展取得巨大成就，对服务全国大局，带动周边发展做出了重要贡献,积累了丰富经验。"①

长三角是我国经济发展最活跃、开放程度最高、创新能力最强的区域之一,它位于长江入海口,自然条件优越,区位优势明显,经济实力雄厚,科技、教育、文化、卫生等事业发达。长三角已经成为拉动全国经济增长的重要贡献地区。正如前国家发展和改革委员会副主任杜鹰在2008年10月16日国新办发布会介绍长三角时所说:"这个地区区位条件优越、自然禀赋优良、科教文卫发达、经济实力雄厚,这个区域国土面积占全国的2.1%,人口占全国的11%,GDP占全国的22.5%,财政收入占全国总量的31.5%,长年累计吸引外资占到全国总量的35%以上。党中央、国务院对于长三角的经济社会发展和改革开放高度重视,在改革开放的不同时期都做出了非常重要的战略部署,这个地区也不负众望,加快改革开放、加快经济社会发展,对于服务全局、带动周边,加快全国的现代化建设步伐,两省一市都做出了巨大的贡献。"

研究长三角的原因有两个。第一,由于长三角的经济地位非常重要,其文化底蕴也非常深厚,因此,长三角主流的闲暇消费方式和闲暇消费行为在全国也将有示范效应。第二,不同地区的闲暇消费行为的差异性很大。而长三角地缘相通、文化相近,其研究体现样本采集的代表性、研究结果的科学性和指导性。

表1.4比较了2010—2021年江浙沪与全国国内生产总值、人均国内生产总值,说明长三角经济影响力不断增强。

表1.4 江浙沪与全国的国内生产总值、人均国内生产总值比较表

(2010—2021年)

年份	全国GDP（亿元）	上海GDP（亿元）	浙江GDP（亿元）	江苏GDP（亿元）	全国人均GDP（元）	上海人均GDP（元）	浙江人均GDP（元）	江苏人均GDP（元）
2010	401 513	16 872	27 100	40 903	30 800	79 400	51 100	52 800
2011	472 882	19 196	32 000	48 604	36 300	85 900	57 800	61 500

---

① 国务院.国务院关于进一步推进长江三角洲改革开放和经济社会发展的指导意见(国发〔2008〕30号)[EB/OL].(2008－09－07)[2008－09－16].http:www.gov.cn/zk/2008-09/16/content_1096217.htm.

续表

年份	全国 GDP（亿元）	上海 GDP（亿元）	浙江 GDP（亿元）	江苏 GDP（亿元）	全国人均 GDP（元）	上海人均 GDP（元）	浙江人均 GDP（元）	江苏人均 GDP（元）
2012	519 322	20 101	34 606	54 058	39 800	89 600	61 100	66 500
2013	568 845	21 602	37 568	59 000	43 700	95 700	65 100	72 800
2014	635 910	23 561	40 154	65 088	46 900	102 800	68 600	78 700
2015	689 052	24 965	42 886	70 116	49 900	109 200	73 300	85 900
2016	744 127	28 179	46 485	76 086	53 800	121 400	78 400	92 700
2017	820 754	30 134	51 768	85 900	59 600	133 500	85 600	102 200
2018	919 281	32 679	56 197	93 200	65 500	145 800	93 200	110 500
2019	986 515	38 155	62 352	99 631	70 100	153 300	98 800	116 700
2020	1 015 986	38 700	64 613	102 719	71 800	156 800	100 700	121 300
2021	1 143 670	43 215	73 516	116 364	81 000	173 600	113 000	137 300

（二）研究闲暇消费的意义

人类的发展经历了"休闲——工作——休闲"的历史轨迹。很久很久以前，人类是很幸福的，那时，休闲就是工作，工作就是休闲。自从"财富"出现，我们就迷失了，终其一生拼命去追逐它，最后发现，这东西生不带来、死不带去，留下了无数的叹息。但是，我们又看到另外一种现象，人们对青山绿水有一种天然的喜爱，常有一种想拥抱大自然的冲动。这时，闲暇时间和闲暇消费就会成为人们关注的焦点。

2 500年前，亚里士多德指出，休闲才是一切事物环绕的中心，是科学和哲学诞生的基本条件之一，工作的目的是休闲。人唯独在休闲时才有幸福可言，恰当地利用闲暇是一生做自由人的基础。

马克思曾指出，通过社会生产，不仅能保证社会成员有一天比一天更富足、充裕的物质生活，而且还能保证其体力和智力获得充分、自由的发展和运用。他极具远见地预测，到了共产主义社会，衡量财富的尺度不再是劳动时间，而是可以自由支配的时间。

黄有光先生说，工作为了赚钱，赚钱为了消费，消费为了快乐，快乐不为其他,快乐是人类经济行为的终极目标。[①] 而高质量的闲暇消费能给人们带来快乐。

闲暇消费对于很多领域都有现实意义。对国家而言,可以挖掘和培育巨大的绿色消费市场,为居民的消费升级寻找突破口,为经济高质量发展培养新的增长点。对社会而言,研究闲暇消费,有助于倡导正确的闲暇消费理念、引导正外部效应闲暇消费、提高民众生活质量、创建和谐社会。对环境而言,越是高层次的闲暇消费,越接近精神层面,对资源的消耗越少。对政府而言,研究闲暇消费和传播闲暇理念,有助于建设学习型政府。例如,高端教育是闲暇消费的重要内容,也是正外部效应闲暇消费的代表性项目,它对降低政府执政成本、提高政府运行效率有帮助。对企业而言,通过对闲暇消费的研究,分析其细分市场、高管人员的闲暇消费行为及其闲暇消费项目,对企业市场营销的目标市场选择极具价值。对消费者而言,关于闲暇消费的很多理论和思想,如"闲暇时间边界移动性""闲暇时间延展"等可操作性强。分析时间和收入约束对提高闲暇消费质量、引导闲暇消费行为以及合理安排闲暇消费项目,也颇为重要。

(三)研究高管人员的意义

高管人员既是该地区的精英,又是中国社会结构中金字塔上部甚至顶端的阶层,他们的消费行为和消费习惯对全社会都有着示范作用以及现实和深远的影响。研究他们的消费行为,对于中国社会未来的消费走向预测,以及中国未来消费经济的发展,都有着重要的意义。

由于高管人员的消费行为对普通民众有引导作用,因此,我们在研究时,力求进行消费建议和引导,以鼓励高管人员合理消费,最终鼓励广大民众消费外部成本相对较低的商品以及服务。

三、主要创新

本书的主要创新点体现在以下几个方面:

[①] 蒋蕴. 快乐是人类经济行为的终极目标[J]. 管理与财富,2006(11):6—7.

（一）闲暇时间研究

本书在传统的时间分类法的基础上，提出"新时间四分法"，将时间分为生存必需时间、社会义务时间、家庭义务时间和闲暇时间，并提出了"闲暇时间边界移动性"理论和"闲暇时间延展"思想。

（二）闲暇消费品研究

1. 将"新时间四分法"的四类时间与家庭地、工作地、休闲地三类空间结合，得出闲暇消费"时空二维图"以及相互关联的十二类时空，并逐一分析。

2. 按闲暇消费品对资金的占有情况，把闲暇消费品分为资金密集型消费品和非资金密集型消费品，即"耗钱品"和"省钱品"。按闲暇消费品对时间的占有情况，把闲暇消费品分为时间密集型消费品和非时间密集型消费品，即"耗时品"和"省时品"。

3. 将闲暇消费品对时间的占用和对资金的占用两个变量予以组合，得出闲暇消费品的"钱闲二维图"以及闲暇消费品的四种类型：耗时耗钱品、省时耗钱品、耗时省钱品、省时省钱品。

4. 将时间、空间、闲暇消费品三个元素有机结合，得出"时间、空间、消费品三维图"。运用此三维图，对长三角高管人员闲暇消费项目进行分析。

5. 运用工作与闲暇的最佳均衡理论，得出"工作和闲暇的边际收益曲线图"。

6. 根据经典的需求理论，本书把闲暇消费需求分为怡悦的需求、尊重的需求和发展的需求三个层次，并得出长三角高管人员闲暇消费需求、消费动机及消费行为的相关性分析图。

（三）古代闲暇消费研究

1. 提出闲暇消费的定义："有钱，有闲，有心情，有品位"。"有钱，有闲"是闲暇消费的基础阶段，"有心情，有品位"是闲暇消费的高级阶段。

2. 总结中国古代闲暇思想和闲暇消费行为，得出其四大特征。归类整理中国古代闲暇消费内容，得出"文、动、饮、色"四大类别。

3. 以经典的需求理论为依据，提出闲暇消费三个层次的需求：怡悦的需求、尊重的需求和发展的需求,并据此进行"需求—动机—行为"分析。

（四）长三角高管人员闲暇消费行为研究

1. 通过调查分析,得出长三角高管人员闲暇消费常用的八个项目:豪宅、豪车、高尔夫、旅游、高端教育、购物、交朋结友和艺术品收藏。

2. 分析长三角高管人员闲暇消费项目在"时间-空间-消费品三维图"中的分布情况,并运用长三角高管人员闲暇消费的调查数据进行实证研究,得出一些有价值的结论。

3. 运用"需求—动机—行为"模型,得出"长三角高管人员闲暇消费需求、动机及行为相关性分析图"。

4. 根据斯蒂格勒（Stigler）与贝克尔（Becker）的"工作—闲暇"模型,得出长三角高管人员闲暇消费的经济模型。

第二章

国内外闲暇消费理论研究综述

第一节　国外闲暇消费研究

1899年,凡勃伦(Veblen)出版了《有闲阶级论》一书,首开休闲经济学研究的先河,他从经济学的角度分析休闲与消费的关系、闲暇时间消费的形态和消费行为方式。

近年来,闲暇生活方式越来越多地受到全球尤其是发达国家的关注,也成了世界博览会的主题。1988年,为纪念欧洲人定居澳大利亚200周年,以"科技时代的休闲生活"为主题的世博会在布里斯班举办。它充分显示了科技发达的现代社会中,人类经历了激烈的竞争,在奋斗之后,渴望放松、渴望高质量的闲暇生活之共同诉求。

休闲经济学属于新兴的领域。近年来,随着一些发达国家从"工业化社会"向"后工业化社会"或者"和谐社会"转型,该领域正在蓬勃发展,并日益成为经济学的前沿理论。

闲暇消费理论是休闲经济学重要的分支,闲暇时间理论研究则是闲暇消费理论的重要组成部分,闲暇消费理论的研究起源于对闲暇时间的研究。

18世纪70年代以后,由于动力机械的使用,劳动生产率大大提高,因此闲暇时间也开始大量增加,占比达23%。20世纪90年代,电动机器的出现,进一步提高了劳动生产率,使人们的周工作时间持续缩短,于是,人们可以用41%的时间消遣。一百多年前,欧洲国家的周劳动时间普遍长达80~90小时,美国的周劳动时间是60小时。现在,欧美主要工业发达国家的周劳动时间只有30~40小时。德国大众汽车公司实行每周4天工作制,法国一些地方开始实行每周32小时工作制,全年工作1 000小时。在人们印象中,日本人是很劳碌的,然而,他们的工作时间,1990年比1955年减少了400个小时,下降了1/6以上,而这段时间正是日本经济起飞的高增长期。目前,全世界已有145个国家实行了每周五天工作制。[1] 除了工作时间缩短,世界上很多国家都实行带薪休假,例如,欧洲各国通常为4周,美国是2～4周,日本为15天,法国则从原来的5周增至9周,发达国家和地区的闲暇时间有进一步增加的趋势。[2] 缩短工作时间、延长闲暇时间的浪潮也冲击着发展中国家,2009年,中国的部分两会代表曾提交了每周工作4天的提案。

时间将成为稀缺资源,这是现代社会以及后现代社会的重要特征。20世纪70年代初,林德(Linder)预言,我们既可能遭受严重的金钱灾荒,也可能遭受严重的时间灾荒。时间的稀缺给现代人带来的巨大心理压力,恐怕是当今社会人类健康的重大杀手。以美国为例,计算机的出现和应用并没有缩减工作时间,相反,大部分美国人工作更加努力,工作时间也更长了。美国希尔顿时间价值调查的研究结果显示,享受高度物质文明的美国人被忙碌紧张所包围。在受访的人群中,因时间不充裕而感到有压力者占比高达43%;当感到需要更多时间的时候,倾向于减少睡眠时间者占比40%;根本没有娱乐时间者占比22%。从性别结构看,由于承担了更多家庭工作,感到时间紧迫和压力巨大者中女性居多,其占比高于男性6个百分点。从年龄结构看,30～49岁者紧迫程度最高,占比超过30%,中年女性尤甚,她们当中,有38%的人感到时间紧迫和压力很大。从工作状况看,兼职男性中,有41%的人感到时间紧迫和压力较大。从家庭中子女情况看,家里有6～17岁孩子的女性感到时间特别紧迫。从婚姻状况看,离婚和丧偶的女性承受的压力最大,这些人有时间紧迫感的比例比未婚者高11个百分点,比已婚者高10个百分点。[3]

现代社会中,很多人感到自己"极度饥渴",这不是对物质的饥渴,而是对时

---

[1] 田晖.休闲消费简论[J].太原大学学报,2006(3):28-33.
[2] 宋瑞.浅论休闲经济[J].桂林旅游高等专科学校学报,2001(3):39-43.
[3] 郭鲁芳.时间约束与休闲消费[J].数量经济技术经济研究,2006(2):117-125,160.

间的饥渴。①

时间稀缺和闲暇时间贫困理论成为闲暇经济学的前沿课题。20世纪90年代以来,国外众多学者致力于这方面的研究。

对闲暇消费的需求,并不完全在于物品和服务本身,还在于物品、服务与时间结合过程中提供的特殊服务。物品、服务和时间是闲暇消费过程中两种对称的要素,缺一不可。闲暇消费行为实际上是对可自由支配时间的消费。因此,从这个意义上说,时间,特别是人们连续的可自由支配时间,是闲暇消费得以实现的必要条件,是影响闲暇消费行为的重要因素。②

马惠娣还提到过一个有趣的现象:西方研究闲暇时间的学者中,有相当一部分是哲学家。探究闲暇时间本质,与哲学有关,从哲学角度审视,可以赋予闲暇时间问题更高的起点,直抵闲暇时间问题的本质。闲暇不仅是一种生活状态,而且是一种生命状态。闲暇时间问题涉及生存的真正目的,与人生观和世界观、生命价值、人的自由等根本性问题,有着天然的学术血缘关系。③

因此,研究闲暇时间既有经济意义,又有哲学意义。

一、马克思奠定了闲暇时间理论研究的基础

马克思在《政治经济学批判》中论述了闲暇时间及其应用。

马克思《资本论》的基本分析维度是劳动时间,他对于剩余价值的分析,是在生活中六个时间范畴的相互关系基础上展开的,这六个时间是社会劳动时间和个别劳动时间、必要劳动时间和剩余劳动时间、自由时间和工作时间。马克思指出,自由时间与劳动时间都能创造财富,自由时间本身也是财富,而且是真正的财富,对自由时间的拥有和支配是分配正义的核心内容,也是理论经济学乃至政

---

① 戈比.你生命中的休闲[M].康筝,译.昆明:云南人民出版社,2000:215.
② 郭鲁芳.时间约束与休闲消费[J].数量经济技术经济研究,2006(2):117—125,160.
③ 沈爱民.闲暇的本质与人的全面发展[J].自然辩证法研究,2004(6):95—97.

治学和伦理学的关键。[①]

马克思以劳动时间为基础,科学地揭示了时间与价值的关系,成就了剩余价值理论。他对自由时间的阐述,奠定了闲暇时间理论乃至闲暇经济学研究的基础。

马克思的闲暇时间理论主要包括五个方面:

(一)界定闲暇时间的概念

在马克思的论述里,"闲暇"一词为"free-time",被译为"自由时间",而西方学者通常将"free-time"等同于"leisure",即"闲暇时间"。[②]

闲暇时间,被马克思称作"可以自由支配的时间""供自己发展的时间""为个人发展充分的生产力因而也为社会发展充分的生产力创造广阔余地的时间",就是"为全体社会成员全面发展所需时间""这种时间不被直接生产劳动所吸收,而是用于娱乐和休息,从而为自由活动和发展开辟广阔天地"。马克思在《资本论》中阐述,闲暇时间对个人而言,包含休闲娱乐的时间、受教育的时间、发展自身智力和才能的时间、履行社会职能的时间、进行社交活动的时间和自由运用体力与智力的时间。对社会而言,闲暇时间就是产生科学、艺术等的时间。人类的各种知识、科学、艺术的发展都依赖于闲暇时间的不断扩展。

(二)强调闲暇时间的重要性

马克思高度重视闲暇时间,他说:"自由时间,可以支配的时间,就是财富本身。"他指出,理想的社会是一个闲暇时间十分充沛的时代,到了共产主义社会,财富的尺度决不再是劳动时间,而是可以自由支配的时间。

马克思的理论说明,闲暇时间的多少,是衡量劳动生产力发展水平的尺度和标志,闲暇时间的不断增多,是社会进步、国家文明的重要象征。闲暇时间才是真正的财富。闲暇时间的增多,使个人得到充分的发展,促进了劳动生产力的发展。

---

① 朱广荣,刘邦凡.论马克思的休闲经济思想[J].理论前沿,2008(8):27—29.
② 唐任伍,周觉.论时间的稀缺性与休闲的异化[J].中州学刊,2004(4):26—30.

(三)指出闲暇时间利用效率的路径

关于闲暇时间的利用,马克思指出:"增加自由时间,即增加使个人得到充分发展的时间,每个人的充分发展又作为最大的生产力反作用于劳动生产力。自由时间,不论是闲暇时间还是从事较高级活动的时间,自然要把占有它的人变为另一主题。"①

马克思强调了时间利用的效率性,这种效率性一方面体现为劳动时间的节约,另一方面体现为自由时间的合理支配。同时,效率性的发挥是多种因素作用的结果。

他还提出,闲暇时间的增加取决于三个因素:劳动生产力的发展水平、劳动的普遍化、社会生产关系决定闲暇时间的分配和使用。

(四)分析闲暇时间的性质

马克思专门分析了资本主义社会闲暇时间的性质,资本主义制度下劳动时间和闲暇时间分离和对立的状态是私有制和异化的结果。②

资本家通过占有工人剩余劳动时间,即剥夺工人的闲暇时间,以获得其闲暇时间。剩余劳动时间不仅具有创造剩余价值的属性,而且也是工人被剥夺的自由时间(闲暇时间)。资本的规律是创造剩余劳动,即可以自由支配的时间。

资本主义社会一方面发展社会生产力,释放出大量的自由时间;另一方面,由于自由时间的不合理分配,使自由时间具有与自身对抗的形式,限制其进一步发展。自由时间的这种矛盾性是资本主义基本矛盾在自由时间上的反映。③

(五)展望闲暇时间的未来

马克思展望了闲暇时间的未来。他指出,随着生产力发展水平的不断提高,大部分闲暇时间不再用于消费物质资料,而是用于消费享受资料和发展资料。在未来社会,自由时间将得到充分的发展,每个人也将得到充分的全面的发展。

---

① 马克思,恩格斯. 马克思恩格斯全集:第 46 卷[M]. 北京:人民出版社,1980:225.
② 刘晨晔. 解读马克思休闲思想的几个问题[J]. 自然辩证法研究,2003(6):88.
③ 董瑞华. 马克思的闲暇时间理论与休闲经济[J]. 当代经济研究,2002(1):60—64.

"我们的目的是要建立社会主义制度,这种制度将给所有的人提供健康而有益的工作,给所有的人提供充裕的物质生活和闲暇时间,给所有的人提供真正的充分的自由。"①

马克思预言,共产主义社会将是一个闲暇时间与工作时间完全融合的社会:"任何人都没有特定的活动范围,每个人都可以在任何部门内发展,社会调节着整个生产,因而,使我有可能随我自己的心愿,今天干这事,明天干那事,上午打猎,下午捕鱼,傍晚从事畜牧,晚饭后从事批判,但并不因此就使我成为一个猎人、渔夫、牧人或批判者。"②

二、对闲暇时间价值的研究

恩格斯曾经强调闲暇时间的价值:工业革命高度发达,所有的人实行合理分工,大规模生产以充分满足全社会成员丰裕的消费和形成充实的储备,"使每个人都有充分的闲暇时间从历史上遗留下来的文化——科学、艺术、交际方式等——中间承受一切有价值的东西;并且不仅是承受,而且还要把这一切从统治阶级的独占品变成全社会的共同财富和促使它进一步发展。"在这样的意义上,闲暇时间的增加和利用,不仅是国家生产力水平高低的一种标志,而且也是衡量一个国家文明程度的标尺之一。③

西方发达国家充分认识到闲暇时间的价值,成功地开发闲暇时间这一社会资源,这是其社会进步的一个很重要的经验,特别对于提高整体社会成员的教养有很大的促进作用。以美国为例,早在20世纪初期,联邦政府就将休闲教育列为青少年教育的一条"中心原则",作为正确树立人生价值观的途径。

西方国家对闲暇时间的研究已有100多年的历史。最早致力于这方面研究的学者有凡勃伦、庇古(Pigou)、奈特(Knight)和罗宾斯(Robins)等,他们把闲暇

---

① 马惠娣.闲暇时间与"以人为本"的科学发展观[J].自然辩证法研究,2004(6):100-102.
② 宋瑞.休闲:经济学分析与统计[J].旅游学刊,2002(6):26-31.
③ 陈迎宪.闲暇时间:创造生命的意义[J].自然辩证法研究,2004(6):97-98.

时间作为工作时间的延伸或对立面来研究,构建了经典的"收入—闲暇"模型。这一模型最早是由庇古和奈特建立起来的,在此框架下,大多数学者都认同闲暇作为一种普通商品的概念,并运用传统的边际分析对其剖析。经典的"工作—闲暇"模型是一个消费者考虑收入税、工资率等因素的劳动和闲暇交易模型,林德推进了这方面的研究,他把货币和时间看作选择过程中相互关联的资源,并在消费者购物选择中给予应用性解释。[①]

较早关注闲暇时间价值并进行理论分析的是贝克尔(Becker)和林德。

林德在《受折磨的有闲阶级》中提出,因为"时间供应量"是固定不变的,所以,对福利产生越来越大影响的是时间,而不是物质收入。于是,他得出了一个与时间相关的"休闲悖论"。[②]

贝克尔澄清了人们的一个误解:闲暇时间被视为一种可供选择的商品,闲暇时间的增多意味着工作时间的减少,也就是劳动供给的减少。他突破了传统的"工作—闲暇"二分法,将闲暇时间价值理论运用于家庭活动的分析。由于家庭能够"自由"支配市场产品及消费时间,实际上是"小型生产单位",因此,人们也可以分析家庭效用极大化。家庭综合运用时间及市场产品,生产出基础产品,这些产品可直接纳入家庭效用函数,这一过程需要充分考虑闲暇时间。他把时间作为一种可以与货币交换的资源,以解释家庭的活动选择。打个比方,某个家庭的家务劳动可以自己做,也可以请家政公司做,当请家政公司做的时候,多出来的时间,就可以成为闲暇时间或者是工作时间,如果是闲暇时间,其市场价值就是付给家政公司的支出。因此,家务劳动就变成了一个可以选择、可以"自由"支配的"市场产品",就可以对其进行效用最大化分析。如果多出来的是工作时间,其产生的价值高于付给家政公司的支出。如果当时在外面工作的单位时间工资低于家政公司的支出,就可以自己做,否则就请家政公司做。当然,有些家务是家政公司做不了的,比如,陪伴孩子和孩子的教育。因此,家庭主妇的劳动付出

---

① 魏翔,惠普科.闲暇时间与消费增长:对中国数据的实证研究[J].财贸经济,2007(11):82—88.
② 宋瑞.休闲:经济学分析与统计[J].旅游学刊,2002(6):26—31.

以及个人的闲暇时间就有了对应的"市场价格"。贝克尔认为,家庭要考虑的不是怎样在工作与闲暇间选择,而是在不同消费活动间的选择,不应把闲暇视作一种独立范畴,所有闲暇都含有某种消费,所有消费活动都含有某种闲暇,市场活动时间(工作时间)与非市场活动时间(闲暇时间)的最佳组合可以使消费者获得最大效用。[1]

此外,还有大量关于闲暇时间价值的研究。明茨(Mincer)首先指出,我们应该把工作和休闲区分开来,他用实例说明,在忽略时间价值时,不同商品的需求收入弹性的估值是如何出现偏差的。欧文(Owen)则更为详细深入地研究对闲暇的需求如何受到时间价值的影响。格罗瑙(Gronau)统一了对工作、家务以及闲暇时间的研究,通过一系列经验检验,他认为收入的增加会引起闲暇时间的增加、工作时间的减少,但几乎不影响家务时间。[2]

三、对闲暇时间类型的研究

闲暇时间是一种资源,其使用状况由其主体决定,通过对闲暇时间类型的分析,可以说明人们活动的目的和意义。

20世纪50—60年代是闲暇经济理论发展的第一个繁荣期,其中一条重要的研究路径,就是针对不同的闲暇时间类型研究闲暇活动和闲暇现象。进入20世纪70年代,经济学家们沿着这一路径,进一步将闲暇时间作为一个不可忽视的变量正式引入效用函数、消费函数和生产函数等经济系统,细致分析各种类型的闲暇时间对经济体的冲击或影响,产生了一系列令人兴奋的研究成果。[3]

海切尔(Hatcher)研究了19世纪以前的劳动、闲暇及经济思潮,将闲暇时间分为自愿闲暇时间与非自愿闲暇时间,并指出,社会最早认为只有大量的工作才能保证经济的有效运行。

---

[1] 靳晓婷.从时间行为角度看居民的假日经济行为[J].经济问题,2003(6):24—26.
[2] 陈海达,汪斌,钟晶晶.时间、收入与消费选择:兼论假日经济效应[J].数量经济技术经济研究,2006(2):108—116.
[3] 魏翔,孙迪庆.闲暇经济理论综述及最新进展[J].旅游学刊,2008(4):13—18.

从整体上,闲暇时间作为工作时间的替代而成为经济研究的对象。具体而言,闲暇时间作为闲暇经济理论的核心研究对象又被划分为以下三种类型:

第一类闲暇时间是指必要型闲暇时间,其主要内容是家庭活动(如家务劳动、抚养孩子、谈恋爱、治病等)所花费的时间。对必要型闲暇时间内的活动进行经济分析是家庭经济学的主要任务,同时也是健康经济学的主要内容之一。贝克尔的研究主要针对该类闲暇时间中的活动,通过典型的"成本—效益"分析,对家庭活动的社会交互作用做出经济分析,从而推动家庭经济学、健康经济学和卫生经济学的形成与发展。

第二类闲暇时间是指受教育闲暇时间,该研究领域的代表性人物是卢卡斯(Lucas)和舒尔茨(Schultz)。此外,奥提格瓦(Ortigueira)明确区分工作时间和花费在积累技能上(受教育)的时间,后者形成人力资本,进而还可以用受教育水平来折算所有的闲暇时间,即有效闲暇时间。对受教育闲暇时间的研究不仅奠定了人力资本理论的基础,还对后来的战略管理理论和新增长理论等众多领域产生了重大影响。

第三类闲暇时间是指享受型闲暇时间,即人们花费在具有身心享受性质的消费或服务上的时间,主要包括旅游、体育健身和娱乐时间。人们对享受型闲暇时间的关注度随工业化进程的发展而加强。20世纪60年代初期,伴随着大众旅游的兴起,对享受型闲暇时间的研究与社会学、人类学等其他学科相结合,直接推动了旅游经济学、体育经济学、娱乐经济学等学科的发展。

对受教育闲暇时间和享受型闲暇时间的研究一直延伸到20世纪90年代初,而该时期也是闲暇经济理论发展的第二个繁荣期。这两类闲暇时间可以通过放松精神、增进知识、提高人的素质和心智水平来形成并促进人力资本和有效禀赋,该过程称作"闲而优效应"(Effect of Advancing by Leisure)。闲暇时间对经济的其他部分提供了有用而"意外"的贡献:它"顺带"提高了知识技术水平,这个过程类似于"干中学"的过程。[①]

---

① 魏翔,孙迪庆. 闲暇经济理论综述及最新进展[J]. 旅游学刊,2008(4):13—18.

因此，对闲暇时间类型的分析，有助于深入了解闲暇时间的本质，尤其是对第二类和第三类闲暇时间的深入研究和合理引导，将有利于全社会的健康发展。

四、对闲暇时间分配的研究

20世纪70年代，经济学家们将跨时选择和时间分配的思路引入对闲暇的研究，深化了闲暇时间分配研究的层次。

贝克尔在《时间分配理论》中，对时间分配做了理论上的研究，奠定了闲暇时间分配研究的基础。贝克尔有关时间分配的家庭决策模型集中研究消费理论，把休闲和消费联系在一起，认为休闲中包含消费，消费体现休闲，把休闲和家务劳动时间结合在一起，建立了休闲和市场工作之间的时间二分法分析模型。[1]

20世纪70年代，研究闲暇时间分配状况的学者主要有：格拉滋(Grazia)、格罗瑙和鲁本(Reuben)、欧文、沃尔斯和武德兰(Wales & Woodland)、哈里斯(Harris)、皮特和卡特伊(Peter & Kapteyn)、哈密尔顿(Hamilton)、鲁宾逊和戈德比(Robinson & Godbey)、雅可布和格森(Jacobs & Gerson)等。

格舒尼(Gershuny)在20世纪末开展了"时间利用状况的多国调查"，完成了《变化的时代：后工业社会的工作和休闲》一文。他通过对20世纪60年代以来，包括20个国家在内的12万份时间日记的调查研究，分析了发达国家时间使用方式的变化以及这种变化对经济的影响，证实了闲暇时间对社会的重要意义，得出了一个重要结论：为了他人的生存，我们所能做的就是用我们的闲暇时间去消费别人生产的产品和服务。

瑞德(Ryder)、斯塔福德(Stafford)和史蒂芬(Stephan)研究闲暇时间分配理论，在《生命周期中的工作、休闲和学习》中，他们考察了人们对劳动、休闲和学习时间的分配，发现个人时间和某些经济变量间存在相关性，将闲暇时间纳入效用函数，所得生命周期曲线和现实更为接近。

---

[1] Becker G S. A Theory of the Allocation of Time[J]. *Economic Journal*, 1965, 75(299): 493—517.

格罗瑙和鲁本在《休闲、家务劳动和工作:时间分配理论再探讨》中,建立了一个新古典模型:格罗瑙模型。他们深入研究时间分配理论后发现:工资率提高,会使家务劳动时间减少,家务减少后多出的时间,是用来工作还是用来休闲,则不能确定。若收入增加,人们会选择让工作时间减少、闲暇时间增加,但家务劳动时间仍保持不变。格罗瑙对贝克尔的时间设置理论有了重大的改进,他指出,应该把家庭时间分为休闲时间和家务劳动时间,因为这两者对于社会经济条件变动的反应是不一样的,因此,他建立了休闲、市场工作和家务劳动之间的时间三分法模型。时间三分法决策模型对于市场劳动供给和家庭生产问题,以及与家庭生产有关的婚姻和生育等,是一种很好的分析工具。[1]

布洛赫(Bloch)则对影响美国人和以色列人时间分配的各种因素进行回归分析,他指出社会经济环境的变动(如工资水平、教育程度以及孩子的数量)对于家务和闲暇时间安排的影响是显著不同的,且这种差异同时体现在丈夫和妻子之间。[2]

祖詹艾克、贝克尔斯和彼得斯(Zuzanek, Beckers & Peters)对荷兰人和加拿大人在20世纪70—90年代的时间分配进行了研究,得出了另一重要结论:工作时间的增加和闲暇时间的减少,不仅与经济环境有关,还与社会价值取向和偏好有关。[3]

关于时间分配的主要文献作者,除哈里斯、哈密尔顿、鲁宾逊和戈德比、雅可布和格森外,还有:基德兰德和普雷斯科特(Kydland & Prescott)、海切尔(Hatcher)等。这些研究一般将个人(家庭)除生理需要以外的时间划分为工作时间、家务劳动时间和闲暇时间三个部分。研究认为随着经济的发展和科技的进步,工作时间不断减少、闲暇时间不断增加是一种长期的、必然的趋势。不过,

---

[1] 魏永明. 对Gronau时间分配三分法模型的再探讨[J]. 企业经济,2003(3):90—91.
[2] 陈海达,汪斌,钟晶晶. 时间、收入与消费选择:兼论假日经济效应[J]. 数量经济技术经济研究,2006(2):108—116.
[3] Zuzaneki J, Beckers T, Peters P, The "Harried Leisure Class" Revisited: Dutch and Canadian Trends in the Use of Time from the 1970s to the 1990s[J]. Leisure Studies,1998,17(1):1—19.

其中也有研究发现,在一个较短的时期内,也可能出现闲暇时间减少的现象。近年来,对闲暇时间的利用进行研究的还有费特(Feather)、肖伯纳(Shaw)和穆里根(Mulligan)。[①]

五、对闲暇时间与经济增长关系的研究

经济增长理论是宏观经济学中发展最为蓬勃的领域之一,它主要运用生产函数概念来分析经济增长及其周期。

20 世纪 60—70 年代,部分学者开始分析受教育闲暇时间与经济增长的关系。随后的研究更多地使用总量劳动市场的代表性代理人模型(Representative Agent Model,RAM),进一步分析总的闲暇时间和其他类型的闲暇时间对经济增长的影响。20 世纪 80 年代后期,爱森堡、汉森和辛格顿(Eichenbaum, Hansen & Singleton)修正该类模型中的一些不合理的假设,并引入新的方法来论述闲暇时间对经济增长的影响,他们得出了具有建设性的结论:(1)引入闲暇时间后,经济可能存在多重均衡;(2)人力资本对不同活动中的时间效率有不同的影响(包括闲暇时间),因此,最优的稳态增长率和时间分配依赖于初始财富构成;(3)如果不考虑闲暇时间的外部性,则人力资本在总资本中所占比例越高、个体受教育时间在总闲暇时间中比例越高,这类经济体增长得会更快。[②]

闲暇时间与经济增长的理论研究在新古典经济学中也占有重要的地位。布坎南(Buchanan)认为,闲暇时间和经济增长呈反比关系。其原因是,当人们的闲暇消费欲望和数量减少时(如减少外出度假和旅游的时间),将导致对规模经济的更大利用,因而能提高生产率。而刘孟奇(Lio)则指出,在新兴古典的分析框架下,只有当人们对消费品多样化的需求不强烈时,布坎南的论点才成立。当人们对物质消费多样化的欲望高涨的时候,人均闲暇消费、人均物质消费、人均居民总消费、人均真实收入和生产率会同时提高,因此布坎南的观点是不成立

---

① 魏翔,孙迪庆. 闲暇经济理论综述及最新进展[J]. 旅游学刊,2008(4):13—18.
② 同①。

的。同时,刘孟奇的经验观察和杨小凯的一般均衡超边际比较静态分析也对上述观点提供了支持。[①]

卢卡斯的研究发现,经济增长主要由人力资本的积累推动。在新古典经济学中,闲暇时间被看成是"正常品",具有正的边际效用。闲暇时间增加和物质财富增加一样,能增进个人福利。作为正常品的闲暇时间,其价格与实际工资率相同,人们对闲暇时间的需求与实际工资率之间表现为函数关系。因此,闲暇时间是经济系统本身的内生变量之一,它与经济增长关系密切。不过,在早期的经济增长讨论中,闲暇时间的因素常常被忽视了。[②]

卡巴耶(Caballe)、桑托斯(Santos)和奥提格瓦(Ortigueira)在卢卡斯的内生经济增长模型中,认为全球的经济存在单一稳态均衡点。即使供给方因要素积累不递减而能够支持经济的持续增长,在消费的边际效用递减比要素积累的生产率增长更快的情况下,引入在工作与闲暇时间之间的选择可能导致一种没有内生经济增长的情况出现。一个原因可能是基于经验的生产率的增长主要是被用作闲暇时间的扩张。索罗(Solow)认为,在含有对数的效用函数中不存在此种问题。高科(Gocke)认为,只有当一段时间之内的消费与闲暇时间的替代弹性为"1"的时候,才会出现内生经济增长。[③]

近年来的研究表明,闲暇时间增加对经济增长有一定的影响。加里(Gali)利用价格黏性模型和西方七大工业国的实际经济数据证明,技术进步会导致短期内工作时间的减少和闲暇时间的增加,由需求冲击引致的总产出和闲暇时间的变动有显著的负相关关系。由此,加里认为,导致经济周期性波动的主要原因并非实际经济周期理论所说的技术冲击,而是需求冲击。[④]

---

① 魏翔,惠普科.闲暇时间与消费增长:对中国数据的实证研究[J].财贸经济,2007(11):82—88.
② 魏翔,孙迪庆.闲暇经济理论综述及最新进展[J].旅游学刊,2008(4):13—18.
③ 同②.
④ 同②.

六、闲暇时间变化对收入多少的影响研究

在研究闲暇时间对收入的影响中,贝克尔极具创造性地建立了"充分收入"(full income)分析方法。充分收入,是指使用家庭的全部时间和其他资源所获取的所有收入,包括货币收入和非货币收入。贝克尔认为,闲暇时间和收入之间存在替代关系,且时间和各种商品之间是匹配的:"消费者通过综合运用时间和商品来生产更基本的活动,并选择最优组合,使效用函数最大化。"他提供了一种以非货币因素代替货币收入的统一方法。比起传统的只考虑货币收入的消费理论,该理论无疑对现实世界具有更强的解释力。[①]

贝克尔运用不明确区分产品与时间的新的分析方法,据此提出,一些时间(及其他资源)将用于闲暇等对于有效从事其他活动所必需的活动中,以便货币收入最大。在富裕国家,家庭可能放弃一部分货币收入以取得额外的效用,换句话说,家庭可以用一些货币收入换取一种更大的心理收入。

在研究中,经济学家注意到偏好类型的决定作用。偏好的时间不可分性是解释工作时间和报酬的时间序列行为的重要因素,在此类偏好下,总工资和总闲暇时间稳定相关。因为在工业化国家中,闲暇时间对工作时间的替代作用大于其对个人生产效率的互补作用,所以,闲暇时间通常对个人的工资收入产生负影响。[②]

闲暇时间影响收入带来了此类研究在两个方向上的进一步发展。

一是由于闲暇时间被引入效用函数,产生了劳动者在闲暇与工作之间的选择,因此派生出对闲暇选择与劳动供给(就业)之间关系的研究。里奥斯(Rios)认为,更具竞争力、更能胜任工作的人会选择将较多的时间用于工作和教育,而将较少的时间用于闲暇活动,以在长期内获得更高的收入增长率。海切尔研究

[①] 陈海达,汪斌,钟晶晶.时间、收入与消费选择:兼论假日经济效应[J].数量经济技术经济研究,2006(2):108—116.

[②] 魏翔,孙迪庆.闲暇经济理论综述及最新进展[J].旅游学刊,2008(4):13—18.

闲暇时间与收入关系后得出结论：社会首先经历劳动者愿意为了增加收入放弃闲暇时间而去工作的阶段，当收入水平整体提高到某一程度，闲暇的地位会逐渐上升并最终超过工作在人们生活中的重要性。[①]

对于闲暇时间和收入分配之间的关系，比蒂和托伯特（Beatty & Torbert）认为，把工作和闲暇对立起来是草率的，混淆了各个方面的意义。他们指出，当一个人自愿地、有意地去探究事物，那么闲暇的特征是人们对时间的体验，从而闲暇能增加内部收益。对于高收入者而言，工作和闲暇是互补的，其间存在动态关系，即闲暇对收入状况产生动态影响。[②]

闲暇时间对收入影响另一个方向的研究主要分析闲暇时间和最优税收问题。对劳动力征税会影响到用于生产的时间分配，除非存在一种可能性，即从事生产的时间逐渐被免税的闲暇活动所替代。因此，不同的税收水平会引导劳动者在工作时间与闲暇时间之间做出最优选择，这反过来又影响政府最优税率水平的确定。

闲暇时间对收入的影响，还涉及通货膨胀的福利成本问题。由于购买消费品要占用闲暇时间，因此，闲暇时间和货币共同为购买消费品提供交易服务，并可以相互替代，由此形成了购物时间模型。该模型从时间的角度分析了通货膨胀的福利成本：在家庭持有货币数量一定的条件下，更高的通货膨胀率导致货币贬值，降低了家庭的实际购买力，于是，家庭需要花费更多的闲暇时间来获取同样数量的消费品，从而减少了工作时间和/或闲暇时间，造成福利损失。20世纪90年代，涌现出大量相关方面的经验研究，例如，卢卡斯采用双对数需求函数的购物时间模型，计算出从最优通胀率到10%的通胀率会伴随约为收入的3%的福利成本。博朗（Braun）用基础货币代替M1作为货币供应量，计算出从最优通胀率到4%的通胀率会伴随约为收入的0.95%的福利成本。[③]

---

① 魏翔，孙迪庆．闲暇经济理论综述及最新进展[J]．旅游学刊，2008(4)：13—18．
② 魏翔．闲暇时间、不平等与经济增长：理论模型与跨国比较[J]．数量经济技术经济研究，2007(2)：106—114．
③ 同①．

第二节　中国当代闲暇消费研究

一、闲暇消费研究在中国的兴起

由于闲暇消费研究在中国的起步较晚，而且主要在西方研究的基础上完成，因此，关于中国当代闲暇消费研究的综述主要立足于时间视角。

中国学者对休闲的全面关注始于20世纪90年代。我国最早提出休闲学研究的是著名经济学家、哲学家于光远先生。1995年，中国刚刚实行每周5天工作制，于先生就敏感地意识到这一问题的重要性和现实性，他立即组织力量，开始系统研究休闲问题。在于光远先生的倡导下，1995年，以休闲为宗旨的"六合休闲文化策划研究中心"成立。

马惠娣女士是中国休闲学研究的开拓者。从1995年至今，她公开发表的休闲研究论文多达40余篇，其中，《休闲：建造人类美丽的精神家园》和《西方休闲学研究述评》（与刘耳合作）被《新华文摘》转载。在《休闲——文化哲学层面的透视》一文中，马惠娣试图从文化哲学的层面回答"何为休闲"。

除马惠娣外，还有一些学者也从哲学层面分析和探讨休闲现象，其中，有代表性的文章有：孙承志的《休闲哲学观思辨》，季斌的《休闲：洞察人的生存意义》，陈喜乐和盛华根的《休闲与21世纪人的素质提高》和许斗斗的《休闲、消费与人的价值存在》等。

王雅林是我国最早致力于休闲社会学研究的学者之一。20世纪80年代末期，王雅林就涉足闲暇研究。由王雅林和董鸿扬主编的《闲暇社会学》于1992年正式出版发行。在《信息化与文明休闲时代》中，王雅林指出，全球信息化进程将把人类带入"休闲文明时代"，人们的休闲时间将超过工作时间，休闲经济将占国内生产总值的50%以上，社会主导价值观将向"时间自由"转型，进而使社会的时间结构从劳动时间轴心化过渡到"劳动—休闲两轮化"。2003年1月,由王雅林主编、中国社会科学文献出版社出版的著作《城市休闲》问世。

孙金华和张国富在《休闲与社会发展》中指出,休闲是伴随人类文明始终的一项活动,它是经济发展、社会进步的必然产物。休闲具有正负双重效应。

我国从理论经济学角度分析休闲的研究论文较少,其中张旭昆、徐俊、郭鲁芳等人的研究较有代表性。

大多数论文则从产业经济学角度分析休闲,比如:2000年,中山大学社会学系博士王宁首先提出了"休闲经济"的概念,分析了休闲经济在国民经济中的地位和作用,以及中国休闲产业存在的问题及其对策。休闲者行为特征和消费结构,是近年来我国休闲市场研究中的一个重要方面,四川师范大学资源与环境学院杨国良教授的相关研究论文最有代表性。

二、关于闲暇时间、闲暇消费的定义等的研究

(一)对闲暇时间定义的研究

很多专家学者研究闲暇时间定义。王云川认为,可以将闲暇时间定义为解决生存问题必需时间以外的剩余时间。赵明晖认为,闲暇时间是指人们的全部生活时间减去必需的生存时间(吃饭、休息等)和必需的工作时间(上班、家务等)之后的可自由支配的时间。张国珍认为,闲暇是指个人不是必须要做的事情,因而,是最自由和最能表现个性特点的时间。《中国大百科全书·社会学卷》中,闲暇时间的定义:"闲暇时间是人们在劳动时间之外,除去满足生理需要和家庭劳动等生活必要时间支出后,剩余的为个人可自由支配的时间。"

以上定义涉及闲暇的社会学含义,更多地侧重于人们在闲暇时间的活动的概念。这样的定义有利于社会学的阐述,但用于经济学分析则不太方便。

张旭昆和徐俊将闲暇定义为一个时间概念,并认为闲暇就是与劳动相对立的一个时间范畴,除了劳动时间以外的所有时间都是闲暇。因此,几乎所有的消费都在闲暇时间进行。他们还提出了耗时性消费和省时性消费的概念。耗时和

省时是根据消费时间的长短而定,比如外出旅游是耗时性消费,吃快餐是省时性消费等。他们还认为,所有消费品都有一个消费耗时或消费省时的"时间价格",于是,闲暇时间作为一种重要的消费资源就具有了类似于货币的功能,它能对消费水平和消费结构起到约束作用,而消费者就有必要在闲暇时间的约束下去追求满足最大化。[1]

卿前龙认为,时间具有使用价值,这决定了闲暇时间是社会财富的一种直接形式。闲暇时间本身就是一种重要的消费品,产品和服务的消费都伴随着时间的消费。闲暇时间是一种劳动产品,是由人类劳动创造的。闲暇时间本身也是生产力,可以用来创造价值。他还分析了导致人类闲暇时间增加的主要原因:科技进步和分工发展所带来的生产率提高使得工作时间减少、家务劳动时间减少、预期寿命不断提高,增加了人们终身闲暇时间总量。退休制度的实施以及不断增多的公众假日和带薪假期,也让闲暇时间总量增加。[2]

(二)对闲暇消费定义的研究

关于闲暇消费的内涵和定义,理论界众说纷纭,其根本原因在于对闲暇时间、闲暇活动、闲暇时间内有货币支付的消费活动等的理解差异。

李在永在《论休闲消费的几个基本问题》一文中提出:由休闲和消费本身的特点所决定,闲暇消费应当明确界定为人们在闲暇时间里利用货币进行的以满足精神文化生活需要为主的消费活动的总称。它应当具备以下几个基本条件:第一,人们在可自由支配的时间(即闲暇时间)里进行的消费;第二,必须是通过货币支付取得的消费;第三,必须是以满足精神文化生活需要为主的消费;第四,其消费对象主要是享受资料和发展资料而不是基本生存资料。[3] 由此可见,闲暇消费包含以下几个关键词:闲暇时间、消费内容、货币支付、精神需求等。

本书对闲暇消费的定义:为满足高层次需求,在闲暇时间进行的有货币支出

---

[1] 张旭昆,徐俊.消费的闲暇时间约束模型与假日经济现象[J].经济评论,2001(5):45—48.
[2] 卿前龙.休闲服务与休闲服务业发展[M].北京:经济科学出版社,2007:5.
[3] 李在永.论休闲消费的几个基本问题[J].北方经贸,2002(10):47—49.

的消费体验。

实现闲暇消费要满足以下几个基本条件：

(1)消费者要有支付能力。闲暇消费中对产品或服务的消费，必须通过货币支付获得。在闲暇时间内进行的不付费的休闲活动不属于闲暇消费，比如，享受清风、欣赏明月、河中沐浴等。

(2)消费者要有闲暇时间。闲暇消费是人们在可自由支配的时间(即闲暇时间)里进行的消费，闲暇消费不仅是对闲暇产品、服务的消费，而且是对闲暇时间的消费，在非闲暇时间进行的付费活动不属于闲暇消费，比如，在工作时间的公务支出、出差旅行等。

(3)闲暇消费是以"欣然的体验"为结果。对于同一种闲暇消费品，不同的人，其闲暇消费的体验和效果大不相同，闲暇消费具有鲜明的个性化和很大的差异性，但不管过程怎样，消费者的体验结果都应该是"欣然的""愉悦的"。

(4)闲暇消费是满足人类高层次需求的，其消费对象主要是享受资料、发展资料。闲暇时间的基本的生存消费不属于闲暇消费。当然，低俗甚至有害的消费不是闲暇消费。

由此可见，闲暇消费具有传统的消费所不具备的特殊性。闲暇消费质量反映了人民生活水平和生活质量，闲暇消费的普及是经济发展社会进步的标志。

综上所述，本书认为，闲暇消费应该是"有钱，有闲，有心情，有品位"。

(三)对闲暇消费的功能、特点、需求层次等问题的探讨

关于闲暇消费的功能。尹世杰认为，开展必要的闲暇消费，有助于消费者精力的恢复和发展，有利于消费者的身体健康。发展闲暇消费，有利于社会、经济发展，有利于扩大消费领域，扩大消费需求，培育消费热点，提高消费质量。发展高层次的闲暇消费，还能培育优良的社会机体，有利于促进社会文明和社会全面进步。

闲暇消费的功能表现为闲暇消费对企业市场营销的影响，即闲暇消费应以个性化为主要特征，市场营销活动要以消费者的需要为基础，闲暇消费对政府消

费政策会产生影响。

陈来成认为,闲暇消费的经济功能包括:有利于提高居民的素质,促进人的全面发展;有利于提高劳动力质量,发展社会生产力;能够促进消费结构的升级和合理化;有利于产业结构的调整。关于闲暇消费的特点,陈来成认为,闲暇消费是以精神性消费为核心内容。闲暇消费是一种个性化的消费,具有延伸性和约束性;闲暇消费是一种乐趣导向型的消费,具有一定的超前性。

闲暇消费的特点还表现为多样性、层次性、关联性。由于收入不同、地区不同,以及受教育程度、消费心理、消费习惯、相关群体的影响及个人消费偏好的不同,闲暇消费的特点存在着巨大的差异性。

关于闲暇消费的层次和动机,陈来成认为,闲暇消费的层次有三个:满足生理需要层次的消费、满足健康娱乐和精神需要层次的消费以及满足发展需要层次的消费。

楼嘉军认为,闲暇消费的需求动机有六种:健康动机、归属动机、价值动机、娱乐动机、享受动机、发展动机。

关于如何提高闲暇消费质量的问题,尹世杰认为:第一,要端正价值导向,提高精神消费水平;第二,要开拓闲暇消费领域,优化闲暇消费结构;第三,要净化消费市场,特别是精神文化市场;第四,要加快发展闲暇消费产业;第五,要加强闲暇消费教育,提高人的素质。

对于闲暇消费的目标取向,主要关注点:要和社会经济发展水平相适应、和社会文明进步相适应、能促进人的素质提高和个性化发展、应当符合消费结构正常的变化规律、闲暇消费内部结构的多样化、闲暇消费的知识化。

本书把闲暇消费需求分为三个层次:怡悦的需求、尊重的需求和发展的需求。怡悦的需求包括愉悦自我,放松、娱乐、惬意地休息等。尊重的需求包括表现自我,获得社会的尊重等。发展的需求包括提高自我,实现自我,创造和发展自身的智力与才能等。

三、闲暇消费研究的主要方法

闲暇消费研究一般从以下几方面展开：一是定量研究，遵从新古典主义的分析思路，对消费者闲暇需求进行分析；二是定性分析，将闲暇消费理解成人们在闲暇时发生的物品、服务消费，分析其内涵与特征、产生与发展条件、文化效应及其在社会生活和经济活动中的地位、作用；三是实证研究，即对我国居民的闲暇消费进行实证研究。[①]

（一）定量研究

对闲暇消费的定量研究，大多将闲暇时间看作边际效用为正的"正常品"，将其消费视作对闲暇时间的消费。这类研究大多基于传统的"工作—闲暇"模型展开。

宋瑞主要讨论了消费者的闲暇需求对工资率变动的反应以及闲暇需求的收入弹性，他的研究发现：闲暇需求的收入弹性较高。

郭鲁芳基于传统的"工作—闲暇"模型分析休闲消费，在引入家庭生产函数的基础上构建休闲消费的理论模型，探讨了消费者最大化效用的条件，并分析其他收入、工资率变化等对休闲消费的影响。[②] 郭鲁芳在《时间约束与休闲消费》一文中，构建了时间与金钱双约束的休闲消费模型，她将闲暇消费品分为时间密集型休闲品和物品密集型休闲品，并基于休闲消费二分法，探讨消费者最优休闲消费选择的条件，分析工资率、非工资收入、工作时间变化对休闲消费选择的影响。[③] 她对闲暇消费研究的贡献是非常值得称道的。（本书对"物品密集型休闲品"这个概念持不同的意见，因为除了物品之外，休闲品还包含服务，而服务在闲暇消费品中占据了非常重要的地位，所以本书使用了"资金密集型闲暇消费品"这一概念，以包含物品和服务两项内容。）

---

① 卿前龙,胡跃红.休闲产业:国内研究述评[J].经济学家,2006(4):40—46.
② 郭鲁芳.休闲消费的经济分析[J].数量经济技术经济研究,2004(4):12—21.
③ 郭鲁芳.时间约束与休闲消费[J].数量经济技术经济研究,2006(2):117—125,160.

丰广建立了闲暇时间与收入水平双约束下消费者选择的模型：$C=(I-i)^a(T-t)^b$ $(0<a<1,0<b<1)$，其中，C、I、T 分别指消费水平、收入水平、闲暇时间；i、t、a、b 均为常数，i 代表最低收入水平，t 代表最低闲暇时间，a、b 分别表示 I、T 各自对 C 的相对重要性指数。[①]

米辉和刘先忠把闲暇引入"宇泽—卢卡斯"模型，运用动态最优化方法得出结论：在闲暇外生情况下，闲暇与均衡经济增长率负相关；在闲暇内生情况下，均衡状态下不存在内生经济增长。

（二）定性分析

李新家认为，闲暇消费文化正成为大众文化，闲暇消费正在向多元化、高层次发展。闲暇消费有四大特点：充足的消费时间、较高的收入水平、满足享受和发展需要的消费内容、体现消费者的个性和风格。休闲产业发展空间巨大。[②]

邓崇清讨论了闲暇消费的分类、特点及其重大的社会经济意义，他认为闲暇消费从不同的角度可以分为不同的类型，闲暇消费一般是高品位的精神消费，具有较大的需求弹性，闲暇消费的兴起有利于促进社会进步、推动生产率的提高、拉动消费需求、调整和优化产业结构。[③]

卿前龙和胡跃红认为，闲暇时间对闲暇消费需求有严格的制约。消费者虽然对某些闲暇产品、服务有消费欲望和能力，但由于缺乏闲暇时间，导致这些需求并不能满足。传统的需求定义隐含了消费时间无限性假设，这在物资匮乏时代是成立的。当生产力高度发达时，时间比金钱更稀缺，这一假设就会不成立。不是每个人都可以来一场"说走就走的旅行"，不是因为没有钱，常常是因为没时间。若消费时间不足，我们将闲暇时间约束引入需求分析会发现：消费者对闲暇产品、服务的实际需求小于根据传统需求定义求解到的需求，尤其是闲暇消费与时间成正比的需求更是如此，如欣赏歌剧、参加晚会等。因此，深入研究闲暇时

---

① 丰广.假日经济模型分析及其开发利用对策[J].中国地质大学学报(社会科学版),2003(3):43—46.
② 李新家.休闲消费时代已经来临[N].羊城晚报,2004-01-22(8).
③ 邓崇清.简论休闲与休闲消费[J].改革与战略,2000(5):1—7.

间对闲暇消费需求的制约,对制定正确的休闲产业发展政策非常重要。[①]

楼嘉军分析了闲暇消费的特点:闲暇消费内涵的精神性,闲暇消费能力的差异性,闲暇消费时间的使用特征,闲暇消费的超前性。

唐湘辉认为,休闲消费是综合性消费、最终消费、资源节约型和环境友好型消费。休闲消费具有多重功能,属于非基本消费,其经济效益和社会效益突出,具有广阔的增长空间,对扩大内需具有可持续性作用。休闲行为是人类的自发行为,是人们的自由选择,且需要金钱和时间等个人条件以及休闲客体等诱因。休闲行为与人类的高级需要密切相关,如转换心情、自我启发、社会成就等,其满足程度受到休闲产品质量和服务水平的影响。休闲行为是人们在休闲时间经历的系列过程,其内容和形式具有动态性。

(三)实证研究

我国较早开展居民休闲消费的实证研究的有:杜江和向萍、刘志林和柴彦威、张莉、郭鲁芳等。

杜江和向萍对天津市居民的休闲娱乐消费状况的研究发现,随着天津市经济发展和居民生活水平的提高,一部分居民具备了休闲娱乐消费所需的可以自由支配的收入,居民休闲娱乐消费市场已初具规模,但消费相对集中在门票和一般性娱乐项目方面。[②]

刘志林和柴彦威对深圳市民周末的休闲活动空间结构的实证分析发现,不同性别、年龄、收入水平、职业和受教育水平的消费者,他们的休闲空间结构是不同的。[③]

张莉以江苏无锡市为例,调查分析我国城市居民休闲消费,调查结果显示,不同年龄消费者的休闲观念是不同的,而闲暇时间少、收入水平低仍是制约休闲

[①] 卿前龙,胡跃红.休闲产业:国内研究述评[J].经济学家,2006(4):40—46.
[②] 杜江,向萍.天津市居民休闲娱乐消费状况分析[J].南开经济研究,1996(4):38—41.
[③] 刘志林,柴彦威.深圳市民周末休闲活动的空间结构[J].经济地理,2001(4):504—508.

消费的主要因素。[1]

郭鲁芳对中国休闲消费结构进行了实证分析,提出了休闲消费结构升级的必要性和现实可行性以及调整和优化休闲消费结构的对策。[2]

杨国良研究了成都市民消费结构与休闲活动关系。[3] 金倩和楼嘉军研究了武汉市居民休闲方式选择倾向及特征。[4] 刘宁宁分析了我国居民休闲行为特征变化的原因。[5] 李永周和魏静则提出了培育城镇居民休闲消费力的思路等。[6]

罗佳明等调查了四川乐山市公众的休闲消费,他发现20世纪80年代以来乐山市公众的休闲消费方式主要有参与性和观览性两大类。参与性娱乐休闲消费方式主要有打麻将和玩纸牌、唱卡拉OK、购物、养宠物、品尝美食、农家乐休闲或旅游休闲。参与性体育健身休闲消费方式主要有健身房健身、大众体育健身等。参与性科技文化休闲消费方式主要有上网、读书自修、书画及收藏等。观览性休闲消费主要是看电视和VCD,这是乐山人的首要休闲方式(68%的被调查者采用这一方式休闲)。该调查还发现,城乡休闲消费方式有着较大的差别。农村人的休闲消费方式比较单调,主要是看电视、串门聊天和打麻将。而城市居民的休闲消费方式则比较丰富。不同年龄层选择的休闲方式不一样:18~25岁的居民喜欢上网、旅游,26~35岁的居民比较喜欢旅游和陪小孩玩,喜欢打麻将的居民集中在26~45岁,36~55岁的居民比较喜欢看电视,45~55岁的中年妇女是大众健身的骨干力量。收入水平、文化水平越高的居民越喜欢上网、旅游等活动;收入水平、文化水平越低的居民越喜欢打麻将、串门聊天等活动。[7]

---

[1] 张莉.关于我国城市居民休闲消费的调查分析:以江苏无锡市居民为例[J].经济纵横,2002(11):20—23.

[2] 郭鲁芳.中国休闲消费结构:实证分析与优化对策[J].浙江大学学报(人文社会科学版),2006(5):122—130.

[3] 杨国良.成都市民消费结构与休闲活动关系研究[J].地域研究与开发,2002(2):77—80.

[4] 金倩,楼嘉军.武汉市民休闲方式选择倾向及特征研究[J].旅游学刊,2006(1):40—43.

[5] 刘宁宁.我国城市居民休闲行为特征变化浅析[J].河南商业高等专科学校学报,2004(1):81—82.

[6] 李永周,魏静.论城镇居民休闲消费力的培育[J].消费经济,2006(1):57—61.

[7] 罗佳明.论遗产型目的地营销:以四川省乐山市为例[J].旅游学刊,2002(3):60—65.

王浪、张河清和杨斌认为当前休闲消费存在的非理性现象,表现在以下几个方面:(1)重娱乐性、消遣性,轻发展性、智力性;(2)重攀比性,轻自发性;(3)重被动性,轻主动性;(4)重感观性,轻体验性、参与性;(5)重子女性,轻长辈性。①

有些实证研究还分析了在业者和非在业者闲暇消费的一般特点、中国老年人休闲消费行为及其特点,以及中国青少年休闲消费行为及其特点等。

四、关于闲暇时间的研究

闲暇时间是闲暇消费研究中一个重要的课题,也备受学者们关注。

张旭昆和徐俊在《消费的闲暇时间约束模型与假日经济现象》一文中,将闲暇视为一种重要的消费资源,通过建立一个闲暇时间约束模型,来分析闲暇时间的变化对消费的影响,并说明"假日经济"现象出现的原因。②

郭鲁芳在《时间约束与休闲消费》一文中,构建了一个引入"时间约束"的休闲消费模型,并基于时间密集型休闲品和物品密集型休闲品的休闲消费二分法,探讨消费者最优休闲消费选择的条件,分析工资率、非工资收入、工作时间变化对休闲消费选择的影响。③

魏翔将闲暇引入基于创新的增长模型,并分析经济合作与发展组织中各个国家和地区的数据,他指出,健康而积极的闲暇可经由闲暇的积极效应直接促进经济增长。因此,在建设后工业化社会或和谐社会的过程中,在不损害效率,保持一定程度不平等的情况下,积极健康的闲暇可以弥补高强度所引致的个体效用损失,保证经济长期增长。魏翔和惠普科构造了"闲暇时间—消费函数",从静态角度分析闲暇时间对居民消费的影响,进而在动态的预算约束下通过最优化模型证明:根据环境参数影响,闲暇时间与消费增长之间,不但存在负向关系而且存在正向关系。他们还引用中国的实际数据检验了理论模型的命题,并发现

---

① 王浪,张河清,杨斌.休闲时代的大众休闲消费教育研究[J].温州职业技术学院学报,2007,7(3):14—16.
② 张旭昆,徐俊.消费的闲暇时间约束模型与假日经济现象[J].经济评论,2001(5):45—48.
③ 郭鲁芳.时间约束与休闲消费[J].数量经济技术经济研究,2006(2):117—125,160.

中国的闲暇消费对宏观消费具有正向拉动作用,这说明中国的消费结构和消费质量正在得到改善,也说明中国在工业化进程中展现出了一定后工业化倾向。[①]魏翔还构建了"闲暇时间—效用函数模型",通过模型分析证明,由于闲暇时间对居民收入的影响效果不同,因此闲暇时间对居民的总体消费同时存在正、负两个方向的作用。计量分析我国的实际数据后发现,与新古典的观点不同的是,闲暇时间的增加对我国的消费有明显拉动作用。最后,根据理论模型的命题,对实证结果进行了解释,并给出了政策建议。[②]

关于我国居民闲暇时间的变化趋势及其利用状况的研究内容比较丰富,而且大多是以实地调查的方式进行。

王琪延通过对北京市民休闲行为的调查,总结出城市居民对休闲时间的利用有以下特点:北京市居民休息日比工作日的休闲时间多了近3个半小时,比1996年增加了41分钟。休闲活动的黄金时间是19:00～22:00。男性比女性休闲时间多33分钟。中年人的休闲时间最少,老年人的休闲时间最多。人力资本水平越高者,工作时间越长、家务劳动时间越短、休闲时间越短。学历越高者越重视学习。年龄越大者,学习时间越短、身体锻炼时间越长。教育对男女生活平等具有贡献,一般而言,学历越高,男女之间的各类生活时间分配差异越小,但在高学历的硕士和博士研究生中,女性所拥有的休闲时间多于男性。各种休闲活动时间分布具有一定的规律性,电视收视率高峰时间在19:00～21:30,工作日和非工作日的第二个高峰时间则分别在12:00～13:00和9:00～17:00两个时间区间。体育活动时间多为5:30～9:00,且男性体育活动率比女性高。教育子女的群体多集中在29～45岁和60～65岁两个年龄段,工作日的教育时间多集中在晚饭后至睡觉前的一段时间,高峰时间集中在19:12～21:36,节假日的教育时间则比较分散。

---

① 魏翔,惠普科.闲暇时间与消费增长:对中国数据的实证研究[J].财贸经济,2007(11):82—88.
② 魏翔.基于闲暇时间—效用函数的居民消费研究:对中国数据的实证检验[J].经济科学,2006(4):104—113.

2008年是中国闲暇时间研究里程碑式的一年,国家统计局开展了我国第一次居民时间利用调查。本次调查的汇总情况包括八个部分:调查人口的基本特征,综合分类活动,国民账户体系生产活动,非国民账户体系生产活动,休闲娱乐活动,交通活动和活动地点,大类、中类和小类活动,分地区数据。

03
第三章

中国古代闲暇思想与闲暇消费行为综述

中国古代的闲暇消费思想博大精深、源远流长,但由于生产力不够发达,物质不够丰富,闲暇消费思想的主要关注点在精神层面,闲暇消费内容的主要关注点在物质层面。先哲们对闲暇时间的关注不多,"惜时如金""韶华不再",他们对时间流逝的感慨、对岁月更替的无奈更是千古吟唱。"子在川上曰:逝者如斯夫!不舍昼夜。"(《论语·子罕》)孔子站在河边感叹:时间的流逝就像这滔滔的河水,一去不复返啊!人们在感悟闲暇、进行闲暇消费时,更多的专注于心灵的声音或物质的感受,本书沿着这一脉络研究中国古代闲暇思想和闲暇消费行为。

第一节　闲暇在中国历史上地位的变迁

一、闲暇一开始处于非主流地位

首先,我们回顾闲暇的词义来源。

据史料记载,最早表示时间概念的词是"暇",即时间的间隔和无事可做、休息等(见《尚书》之《周书上·酒诰》:"不敢自暇自逸"),而且词义略带贬义。

"闲"的古体字是"閒",意为"门中观月",该字蕴含着"闲庭赏月"的诗情画意,体现出先人对恬静、纯洁、美好生活的向往。我们可以想象一个令人陶醉的情景:夜晚,幽幽的月光穿过门框,静静地洒在堂前,万籁俱寂,那么安详,那么闲适,那么幸福……

裘锡圭在《文字学概要》中指出,"閒",早期读"jiān",表示空间概念,本义指在空间上有空隙。后来,词义被引申,指有空闲时间,读音也发生了变化。最后,代表时空词义的字演化为两个:"閒"(读 xián),"门中有月",代表时间概念的空隙;"間"(读 jiān),"门中有日",代表物理空间的空隙。

"闲暇"一词出现在《庄子·外篇·刻意》:"就薮泽,处闲旷,钓鱼闲处,无为而已矣。此江海之士,避世之人,闲暇者之所好也。"住在山林湖泽,身处闲适旷野,钓鱼消遣时光,这是一种无为自在的状态。这是游历江海之人,躲避乱世之人,闲暇悠然之人喜爱的状态。庄子将闲暇赋予了哲学内涵,代表了道家"心闲无事"的精神自然。

儒家经典中最早使用"闲暇"一词的是《孟子·公孙丑上》。孟子曰:"贵德而尊士,贤者在位,能者在职。国家闲暇,及是时,明其政刑,虽大国,必畏之矣。"孟子说:崇尚道德,尊重知识,将贤达的人提拔到领导岗位,给能干的人赋予合适的职责。这样,国家就会处于闲暇悠然、平安无事的状态,在这个时候,政治清明,法令严明,即使是大国,也会畏惧我(小国)。在这里,"闲暇"是指没有内忧外患,国家、社会处于安定的状态,这也是领导者有所作为的时候,在此"闲暇"之际,如果"明其政刑,虽大国,必畏之矣"。

如果领导者不懂得未雨绸缪,则会是另一种结果:"今国家闲暇,及是时,般乐怠敖,是自求祸也。祸福无不自己求之者。"当国家处于闲暇安定的时候,如果贪图享乐,懈怠自满,这就是自找祸害。因此,祸害和幸福无不是自己的追求所得。

孟子从正、反两方面指出:在"闲暇"的时候,如果"贵德而尊士",那就是"求福";如果"般乐怠敖",那就是"求祸"。这体现了孟子期盼、重视"闲暇"的同时,又保持警醒。这是"生于忧患,死于安乐"的另一种表达形式。

随着时代的发展,"闲""暇"二字合在一起,组成了一个使用频率很高的词:"闲暇"。它出现在经济学的研究范畴,既表示物理空间的空隙,也表示时间概念的空隙,是一个时空的组合。

中国古代对"闲"的理解,不仅有空暇、消遣的时间概念,而且包含了放松、愉悦的心境:"其心闲而无事。"(《庄子·大宗师》)心中闲适,若无其事。

"闲"还通"娴",含有娴静、安宁、思想纯洁之意。"游览既周,体静心闲。"

《游天台山赋》)游览已经周全,身体平静,心情闲适。其中,闲指安宁。李善注引王逸《楚辞》注:"闲,静也。""闲,雅也,指品质。"

"閒"慢慢演化成"闲",人们又赋予了"闲"新的含义。袁行霈先生将"闲"解释为"木门"。于光远先生说,"闲"这个字,门里有根木头,把门顶住,不让人和动物通过,引申为"防御"之义。"闲"也有约束、限制、界限、范围之意,引申为道德法度:"大德不逾闲,小德出入可也。"(《论语·子张》)原则性问题不能破规矩,细节处理上有点出入问题不大。"闲有家。"(《易经·家人》)做好家庭教育,防患于未然。

于是,"闲"的意义就变得不那么美好了,甚至与"防"连用,叫作"防闲",表示防范约束的意思。由"闲"字组成的词组大多带有贬义,如"游手好闲""闲言碎语""闲杂人等""吃闲饭""说闲话""管闲事"等。

分析字的起源以及词义引申过程可知,"休闲"一开始是处于非主流、非正式的地位,它为人所向往,但又登不了大雅之堂。正如温斯顿(Winston)所说:"休闲是从后门进入经济学。"①人类社会历史常常有着惊人的相似之处,中国和西方的闲暇史大抵都是如此。

二、闲暇的登堂入室

随着禅宗在中国的传播,闲暇渐渐登堂入室,其标志性事件是南禅宗的广泛传播。惠能大师主张"直指人心,见性成佛"。不须向外寻求,直接内观自心。若自身具有佛性,透彻觉悟,深度挖掘,即达佛的境界。因此,禅宗深受广大民众的喜爱,并对唐代以及以后,尤其是宋代文人的思想、人格影响深远。在禅宗的理论中,佛是那样亲切,与普通百姓又是那样亲近。"闲人"可以变成"圣人",常人可以进佛地,人性和佛性可以转换,而且无须百年积德、千年修炼。只要你能够顿悟,这个转换在一刹那就可以完成:"一刹那间,妄念俱灭,若识自性,一悟即至佛

---

① 伊特韦尔,米尔盖特,纽曼.新帕尔格雷夫经济学大辞典:第3卷[M].北京:经济科学出版社,1996:173。

地。"(《坛经》)刹那间,不好的念头全都消灭,如果认识到自己的本性,一下顿悟,就可抵达佛地。当然,人们要完成这种转换、顿悟,要有一个必要条件,即有闲,有时间思考。因此,禅宗重视闲。唐代诗僧齐己说:"闲想似禅心。"(《戊辰岁湘中寄郑谷郎中》)闲暇时分的思考就像清静禅定的心境。闲暇容易接近禅定。如果闲进入一定的境界,就使人走上了通往佛性之路。

唐朝,佛教开始深入人心,有一个重要的原因就是,它不仅在内容上"亲民",而且在形式上"便民"。佛教传播者为了使深邃难懂的佛教经文通俗易懂,让普通老百姓都能明白,创造出一种"俗讲"的说唱艺术形式,并为广大民众喜闻乐见。唐朝姚和的诗证明了这一点:"无生深旨诚难解,唯是师言得正真。远近持斋来谛听,酒坊鱼市尽无人。"(《听僧云端讲经》)深奥难懂的佛经常常让人望而却步,然而,禅师的解读却真切正确又通俗易懂。远近的人们都抱着虔诚之心,蜂拥而至来聆听禅师传播真谛,酒楼、茶馆、鱼肉菜场都空了。高深的佛学演讲变成了"脱口秀",万人空巷,盛况空前。而且,寺院也一改以往的"闲人免入",变成了民众闲暇娱乐的场所。美国汉学家韩南通过研究发现:"唐代的寺院往往也是民众娱乐的中心。"[①]

如果一种理论要在广大民众中传播,被他们所接受,那么它必须"亲民"。即使"曲高和寡"的理论正确,其论证过程严谨,也可能被束之高阁。

"闲暇"被中国主流文化接受,则是沿着与禅宗传播相反的路径。当"闲"和"暇"结合、空闲时间和愉悦心情相遇时,闲暇才真正得到中国人的普遍重视。当与禅修、禅定相结合时,闲暇就增加了"高级感",从而吸引一批批文人墨客公开谈论、深入思考。尤其到了当代,闲暇经济、闲暇消费成了重要的研究领域,吸引了一大批学者的关注。于是,闲暇,从不受待见到登堂入室,从后门进入了殿堂。

如果一个人连财富长成什么样都不清楚,那么他有什么资格大谈"视钱财如粪土"呢?同理,对于一个刚品尝到财富所带来的快感的人,你怎么能要求他"视钱财如粪土"呢?人们对于闲暇的认识和对于享受闲暇的发展过程,也是一脉相

---

① 韩南.中国白话小说史[M].尹慧珉,译.杭州:浙江古籍出版社,1989:6.

承的。对闲暇的渴求,是人的本性使然。由于受传统观念的制约,因此人们不敢正视它。而禅宗打破了这一束缚,释放了人们享受闲暇这种本能的渴求,从此,"心闲"走向了"身闲"。

这种转变得到了那个时代文人们的积极响应。白居易首先提出了"物诱气随,外适内和"的观点(《庐山草堂记》)。景物诱发,思想追随。环境适宜,内心平和。他明确表示:无需抵御物质世界的诱惑,让人性回归自然,在物质条件允许的情况下,尽情地享受人生。他的这一思想系统地出现在其《闲适》系列之中,也开创了唐代以后民众的"闲适"之风,形成了独特的"闲适"思想。

"闲暇"理念真正"飞入寻常百姓家"是在宋朝。苏东坡曰:"江山风月,本无常主,闲者便是主人。"这是何等的令人感慨!宋朝商业渐渐发达,城市的功能日渐显现,闲暇娱乐活动以及闲暇消费也开始活跃。据宋朝孟元老的《东京梦华录》记载,汴京的文化娱乐活动中心是瓦肆勾栏,还出现了文化夜市。以往有钱人或文化人才能享受的闲暇消费、出没的闲暇活动场所开始被老百姓接受,这说明体系化的闲暇消费产业开始形成。北宋张择端的画作《清明上河图》展现了当时都城汴京的繁华景象,屋宇鳞次栉比,有茶坊、酒肆、肉铺、庙宇等。中国古代闲暇消费最鼎盛的时期当属两宋时期。

第二节 中国古代闲暇思想和闲暇消费行为的特征

一、闲暇思想与闲暇消费行为的矛盾

中国古代闲暇消费史是一部节俭和奢侈既冲突又共存的历史。它表现为:哲人们关于节俭高雅的闲暇消费理论和统治阶级奢侈荒诞的闲暇消费行为的冲突和共存。

中国古代有关闲暇的论述多是警示性、批判性的。在"四书"之一的《大学》

中，曾参对于闲暇的态度就非常谨慎，而且在文章中两次强调"君子必慎其独"："所谓诚其意者，毋自欺也。如恶恶臭，如好好色，此之谓自谦。故君子必慎其独也。小人闲居为不善，无所不至。见君子而后厌然，掩其不善，而著其善。人之视己，如见其肺肝然，则何益矣。此谓诚于中，形于外。故君子必慎其独也。"什么是诚恳地对待自己的内心？不要自己欺骗自己。就像讨厌恶臭一样，就像喜欢美色一样，就是要让自己舒服、惬意。因此，君子要慎重对待独处。小人独处闲居时会做坏事，而且各种坏事都会做。小人在君子面前，会掩饰不善的念头，显露善良的样子，其实，别人看他，都好像能看清他的肺肝一样，掩饰又有什么用呢？这就是内心的真诚，会在外表自然地显露出来。因此，君子要慎重地对待独处。南怀瑾先生对此解释道，一个人即使是君子，如在单独自处的时候也最需要小心谨慎，不可让自己放任散漫，或瞒着别人，做不善的事情。至于小人，最好不让他们"闲居"，小人们在没有事情做的时候，是非常烦躁、不耐烦的，因此，他们会不分好坏，什么事都做得出来。①《四书》之一的《中庸》中，子思一开篇就提出"慎独"："是故君子戒慎乎其所不睹，恐惧乎其所不闻。莫见乎隐，莫显乎微，故君子慎其独也。"君子在自己不被看到的时候要戒备、谨慎，在自己不被听到的时候要担心、惧怕。没有什么隐蔽的东西是看不见的，没有什么微小的东西是看不清的。因此，君子在独处的时候也要慎重。不要让小人"闲居"，君子也要"慎独"。这样一来，人们禁不住对"闲暇"变得小心翼翼起来。

　　除此以外，统治者在思想上也总是以一种克制的态度对待闲暇："不敢自暇自逸。"（《尚书·用书上·洒诰》）不敢独自闲暇、独自安逸。"民莫不逸，我独不敢休。"（《诗经·小雅·节南山之什·十月之交》）民众如果不闲逸，我就不敢独自休闲。虽然儒家的道德规范与人性对闲暇的需求状态存在矛盾和冲突，但不可否认的是，儒家"内圣外王"的文化主张，尤其是"诚意""正心""修身"都为个体生活中的"闲暇"预留了空间。孟子的"穷则独善其身"的"独"，本身就暗含着"闲暇"的时间和空间。

---

① 南怀瑾.南怀瑾选集:第 10 卷[M].上海:复旦大学出版社,2003:186—188.

战国时期,周公就曾谆谆教导他的侄儿周成王不要太闲,否则就会被坏人钻了空子:"君子所,其无逸。先知稼穑之艰难,乃逸,则知小人之依。"(《尚书·无逸》)为人之君居处高位,不可沉迷闲逸享乐。首先了解耕种艰难,然后反思闲逸享乐,就深知民众是多么的不容易。周公还要求成王以文王为榜样,心系百姓,要辛劳到连从容吃饭的闲暇时间都没有:"自朝至于日中昃,不遑暇食,用咸和万民。"(《尚书·无逸》)周文王从早上到正午再到太阳偏西,一直在忙,连吃饭的空闲都没有,他刻苦工作,因此,全体民众都和谐安定。

儒家主张把敬德修业和闲暇娱乐结合起来,既提高闲暇消费的质量又增进民众的身心健康。在学习上,首先是把所学的知识存于心;然后经常复习,劳逸结合;最后融会贯通,左右逢源。"故君子之于学也,藏焉,修焉,息焉,游焉。夫然,故安其学而亲其师,乐其友而信其道。"(《礼记·学记》)"藏修游息"也成了一个成语,意思是:学习时努力进修,不能荒废;休息时尽情玩耍,补充能量。课堂学习与课外活动相互结合,休息也是为了更好地学习。因此,君子对于学习,要遵循"藏修游息"的原则,安心学习,能亲近授课老师,乐于交友,能深信所学之道。

诸葛亮非常赞成孟子提出的"以逸道使民,虽劳不怨",即用劳逸结合的方法来管理民众,这样他们即使感到劳累也不会产生怨恨。诸葛亮不仅主张民众要有闲暇生活,还主张统治者应该指导民众正确地开展闲暇活动(《三国志·蜀志·诸葛亮传》)。

据《宋史》记载,文天祥英勇就义后,人们发现了他留下的《衣带赞》,其开篇就是:"孔曰成仁,孟曰取义。惟其义尽,所以仁至。"孔子教导我们要成仁,孟子教导我们要取义。只要把道义做到最好,所求的仁德就能做到极致。"仁至义尽"也成了人们耳熟能详的成语。文天祥指出了孔孟思想的侧重点:孔子思想的侧重点为"仁",孟子思想的侧重点为"义"。继孔孟之后,荀子思想的侧重点为"礼"。他们三人对闲暇的态度也有所不同。

孔子主张让生活变得快乐,但他提醒:有些快乐是有益的,有些快乐是有害的。"益者三乐,损者三乐。乐节礼乐,乐道人之善,乐多贤友,益矣。乐骄乐,乐佚游,乐宴乐,损矣。"(《论语·季氏》)对人有益的快乐有三种,对人有害的快乐有三种。喜欢有节制的礼乐,喜欢宣传别人的优点,喜欢和更多优秀的朋友交往,这些是有益的。喜欢放纵不节的快乐,喜欢四处游荡的快乐,喜欢吃喝玩乐的快乐,这些是有害的。

孔子重视闲暇消费,反对奢侈浪费。虽然他主张勤俭节约,但是反对过分节俭。不过,两害相权取其轻,过分节俭还是比奢侈浪费好:"奢则不孙,俭则固。与其不孙也,宁固。"(《论语·述而》)奢侈浪费的人会不谦逊,过分节俭的人会偏死板。与其不谦逊,不如偏死板。

孔子主张快乐学习、快乐休闲:"游于艺。"(《论语·述而》)"艺",即"六艺":"礼、乐、射、御、书、数"。这是古代六种非常重要的技能,而且在日常生活中也非常实用,常用于休闲。这个"游"字非常生动,就像鱼在水中游,自然而然,自由自在,根本没感觉到水的存在。快乐学习、快乐休闲,灵活运用"六艺",高雅地休闲,只知道自己在游玩,根本没意识到自己自然而然地用了"六艺"。

孔子欣赏清贫但却快乐的闲暇生活,他说自己,"饭疏食,饮水,曲肱而枕之,乐亦在其中矣。"(《论语·述而》)吃着粗粮,喝着冷水,弯起手臂,当着枕头,虽然贫贱,但乐在其中。

《论语·述而》还记载了孔子闲暇时的状态:"子之燕居,申申如也,夭夭如也。"孔子闲暇居家时,肢体很舒展,容貌很和悦。他的状态就像一棵大树,远观高大挺拔,近看枝繁叶茂。

孟子要求国君谦恭、俭朴:"恭者不侮人,俭者不夺人。侮夺人之君,惟恐不顺焉,恶得为恭俭?恭俭岂可以声音笑貌为哉?"(《孟子·离娄上》)谦恭礼貌者不会欺侮他人,节俭朴素者不会强取他人。侮辱、抢夺他人的国君,唯恐臣民不顺从,怎能做到谦恭俭朴?谦恭俭朴难道用言语、笑容就能做到吗?

《孟子·滕文公下》中,孟子和齐宣王讨论了关于闲暇活动"乐乐"的话题,孟子明确表示:不反对君王正常的"乐乐"。而且,君王的"乐乐"是一个很好的显示器:如果民众看到君王"乐乐"很高兴,说明政治清明,民众满意;如果民众看到君王"乐乐"不开心,说明国家治理有问题,民众不满意。因此,"与民同乐"不是和老百姓一起唱歌跳舞,一起参与闲暇活动,而是我快乐老百姓也快乐。怎样才能做到"与民同乐"?孟子曰:"乐民之乐者,民亦乐其乐;忧民之忧者,民亦忧其忧。乐以天下,忧以天下,然而不王者,未之有也。"若君王以民众的快乐为自己的快乐,则民众也会以君王的快乐为自己快乐。若君王以民众的忧愁为自己的忧愁,则民众也会以君王的忧愁为自己的忧愁。以天下的快乐为快乐,以天下的忧愁为忧愁,如果这样的君王不是天下归心,那是从来都没有的。孟子的消费哲学思想中还表现出对"安乐"的深深忧虑,以及对"艰苦"的高度赞赏:"故天将降大任于是人也,必先苦其心志,劳其筋骨,饿其体肤,空乏其身,行拂乱其所为……然后知生于忧患而死于安乐也。"(《孟子·告子下》)老天要给一个人赋予大任之前,要先进行"面试",测试科目包括"苦、劳、饿、空、乱":内心痛苦、筋骨劳顿、忍饥挨饿、穷困潦倒、诸事不顺。最后的结论就是:"生于忧患,死于安乐"。

荀子对待闲暇的态度比较公正和客观,他把闲看作一种见多识广的表现:"多闻曰博,少闻曰浅。多见曰闲,少见曰陋。"(《荀子·修身》)听得多使人渊博,听得少使人浅薄。见得多使人开阔,见得少使人鄙陋。

荀子还对闲暇活动中的重要内容——音乐、舞蹈——给予了很高的评价:"君子以钟鼓道志,以琴瑟乐心。动以干戚,饰以羽旄,从以磬管。"(《荀子·乐论》)君子用钟鼓引导人们的志向,用琴瑟愉悦人们的心情。跳舞时,挥动着盾牌斧头,用野鸡毛和牦牛尾来装饰,用石磬箫管来伴奏。

古代有些哲人和民众反对闲暇消费,甚至反对闲暇,他们对"闲暇"的态度,整体来看是偏负面的。

据《国语·鲁语》记载,一位名叫敬姜的妇女,有一段关于闲暇的论断:"昔圣王之处民也,择瘠土而处之,劳其民而用之,故长王天下。夫民劳则思,思则善心生;逸则淫,淫则忘善,忘善则恶心生。沃土之民不材,淫也。瘠土之民莫不向义,劳也。"以往圣明的君王安置民众,会选择贫瘠的土地让民众定居,使民众劳作以便发挥他们的作用,这样,君王就能长期管理天下。民众劳作就会思考,思考就会产生善良之心。安逸会让人过度享乐,过度享乐会让人忘记善良的品德;忘记善良的品德会产生邪恶之心。肥沃土地之上的民众水平不高,因为他们过度享乐。贫瘠土地之上的民众没有不讲道义的,因为他们勤劳肯干。她的推论得到了孔子的赞赏:"弟子志之,季氏之妇不淫矣。"

《墨子·非乐》中,墨子强调节约,反对帝王奢侈浪费,他认为要禁止音乐,玩音乐会让统治者放弃工作,而且废时损财,会给老百姓增加负担。他质疑:"天下之乱也,将安可得而治与?"天下大乱,能靠音乐来治理吗?"子墨子曰:'姑尝厚措敛乎万民,以为大钟、鸣鼓、琴瑟、竽笙之声。以求兴天下之利,除天下之害,而无补也。'是故子墨子曰:'为乐,非也!'"墨子说:"向无数民众征收很多钱财,用来制作大钟、鸣鼓、琴瑟、竽笙等乐器,以此实现兴天下之利,除天下之害,这是做不到的。"因此,墨子说:"从事音乐是不妥的!"

《道德经》中,老子反对丰富多彩的闲暇消费方式,推崇简朴的物质生活。"五色令人目盲,五音令人耳聋,五味令人口爽,驰骋畋猎令人心发狂,难得之货令人行妨。是以圣人为腹不为目,故去彼取此。"缤纷的颜色令人眼花缭乱,动听的音乐令人听觉失灵,美味的食品令人舌不知味,骑马打猎令人心发狂,稀有物品令人心怀不轨。因此,圣人但求吃饱肚子,不看那些乱七八糟的东西,去除各种欲望的诱惑,保持简朴知足的生活状态。老子还主张"见素抱朴、少私寡欲"。保持纯洁,拥抱朴实,减少私心,降低欲望。他甚至希望"常使民无知无欲"。经常教育民众不要耍小聪明,不要有太多贪欲。

庄子对闲暇的态度则比较客观。他有平实朴素、自由自在的闲暇消费思想:"含哺而熙,鼓腹而游。"(《庄子·马蹄》)含着食物嬉戏,鼓着肚皮游玩。他还有浪漫、超脱的闲暇消费愿望:"乘云气,御飞龙,而游乎四海之外。"(《庄子·逍遥游》)乘着云气,驾着飞龙,在四海之外遨游。关于闲暇消费行为,他要求人们控制欲望,不要过度追求物质生活,主张一切顺乎自然、天人合一,不要矫揉造作,否则会丢失质朴的人性,给生命带来祸害。他有着和老子类似的阐述:"且夫失性有五：一曰五色乱目，使目不明；二曰五声乱耳，使耳不聪；三曰五臭薰鼻，困惾扰中颡；四曰五味浊口，使口厉爽；五曰趣舍滑心，使性飞扬。此五者，皆生之害也。"(《庄子·天地》)五种现象会使人丧失本性：一是五色扰乱视觉，使眼睛看不清；二是五声扰乱听觉，使耳朵不灵敏；三是五气薰扰鼻腔，使得嗅觉受干扰；四是五味浑浊口腔，使味觉受伤害；五是取舍随心，任性轻浮。这五种现象都是生命的祸害。

《庄子》一书八次提到"闲"。庄子认为，"闲"是知识渊博的象征："大知闲闲，小知间间。大言炎炎，小言詹詹。"(《庄子·齐物论》)大智者非常广博，小智者十分琐细；高论者盛气凌人，争论者喋喋不休。"天下有道，则与物皆昌；天下无道，则修德就闲。"(《庄子·外篇·天地》)若天下有道，就与万物一起繁荣昌盛。若天下无道，就闲居起来修养德性。这与孔子的"邦有道，则仕；邦无道，则可卷而怀之。"(《论语·卫灵公》)、孟子的"穷则独善其身，达则兼善天下。"(《孟子·尽心上》)有异曲同工之处。

由此可见，中国古代主流的闲暇思想和闲暇理论主张节俭、简朴而又高雅的生活方式，排斥闲暇时间，反对闲暇消费。古代主流的闲暇思想和理论一直影响着漫长的中国闲暇消费发展历史，普遍存在重理轻情倾向，将个人的闲暇生活视为消磨意志的洪水猛兽。

宋朝的朱熹，眼看着人们从"心闲"向"身闲"堕落而感到焦虑。于是，他提出了一个颇具争议，却又影响了中国几个世纪的思想："存天理，灭人欲。"然而，中国古代的闲暇思想与闲暇行为之间又充满着矛盾。关于天理和人欲，他还解释道："饮食，天理也，山珍海味，人欲也；夫妻，天理也，三妻四妾，人欲也。"(《朱子语录·卷十三》)他把正常的饮食、夫妻这些生命中的必需品定义为天理，把山珍海味、三妻四妾这些生活中的奢侈品定义为人欲。从他的诗文中也可以看出他对大自然山川美景的热爱，对没完没了埋头读书的厌倦，对闲暇时光的羡慕，对美好生活的渴望："川原红绿一时新，暮雨朝晴更可人。书册埋头无了日，不如抛却去寻春。"(《出山道中口占》)山川原野，红花草绿，春光明媚，焕然一新。昨夜下雨,今晨放晴,天高云淡,更加动人。埋头看书,没完没了,不如抛开书本,找寻春的气息。

在同一块土地上、在同一个人身上,闲暇思想与行为如此相悖,略看匪夷所思,深入分析得出:这就是人性的矛盾。

中国古代君主的休闲思想和闲暇行为也是相悖的。中国古代君主推崇"与民同乐"的休闲思想。《孟子·梁惠王下》中的对话深入人心:"独乐乐,与人乐乐,孰乐?""不若与人。""与少乐乐,与众乐乐,孰乐?""不若与众。"中国历代的君主、官员虽然也会拨付一些款项,组织一些大型的民众游乐活动,如正月元宵节张灯结彩、搭台唱戏等,但这些多属投资规模小、临时性的财政支出,目的大多是彰显君主统治下太平盛世、安居乐业的景象。而投资规模浩大的皇家花园却是闲人免入、戒备森严,个人斥资建造的私家花园也都是"庭院深深深几许",拒人于千里之外。

在帝王将相骄奢淫逸之风的影响下,许多达官贵人、大地主集团也大搞奢侈消费。如魏晋南北朝时期,大地主集团经常大摆筵席,纵酒高歌,甚至举办"长夜之宴"。"石崇斗奢",讲的就是西晋时期,荆州刺史石崇与晋武帝的舅舅王恺斗富的故事。王恺得到一株很大的珊瑚,十分得意,拿到石崇家显摆。石崇一棍子把它打得粉碎,在王恺震怒之际,石崇拿出了六七株珊瑚,它们比王恺的大得多。据《晋书·何曾传》记载:何曾"食日万钱,犹曰无下箸处。"晋武帝时期的太尉何曾,每天吃饭要花掉上万钱,还说没什么好吃的,没地方下筷子。可见其生活奢靡到何种程度,这也是成语"食日万钱"的出处。《红楼梦》描绘的"白玉为堂金作马"式的贵族闲暇消费,也是非常典型的奢侈消费。

我们应该深刻反思中国古代闲暇消费行为与理论相互冲突的原因。其一是生产力的低下,消费项目的单一。其二是财富的大量集中。其三是闲暇消费理论的极端。理是坝,欲是水。当"物欲"的感受在道德、心灵的牢笼关闭得太久,一旦被放出,就如洪水猛兽,尤其是在物质非常贫乏的时代,"物欲"的边际效用递增。只有当物质富足、"物欲"的边际效用递减时,"物欲"才能被慢慢引入道德、心灵的殿堂。正如司马迁在《史记·货殖列传》中引用管仲的一段话:"仓廪实而知礼节,衣食足而知荣辱。"只有百姓仓库粮食充足,才会注重礼让节度;只有百姓穿得暖吃得饱,才会知晓荣誉耻辱。这也是闲暇消费理论在发达的西方国家兴起的一个重要原因。随着中国经济的不断发展,闲暇消费理论在中国也越来越受重视。

《大学》说:"尧舜率天下以仁,而民从之。桀纣率天下以暴,而民从之。其所令反其所好,而民不从。是故君子有诸己,而后求诸人;无诸己,而后非诸人。所藏乎身不恕,而能喻诸人者,未之有也。"尧舜以身作则,用仁德率领天下,老百姓当然追随。桀纣用暴力统率天下,老百姓也会跟从。如果君王的命令与其喜好相反,心口不一,民众就不会服从。只有君子严格要求自己做到,才能要求他人去做;严格要求自己不做,才能要求他人别做。若自己不能推己及人,却用恕道教育别人,没人会理睬你。

统治者道貌岸然地要求老百姓"存天理,灭人欲",而自己却骄奢淫逸,民众当然不从。

二、物理闲暇与心理闲暇的统一

物理闲暇是一种忙碌、劳作之余的现实状态,故称为"身闲"。心理闲暇是一种自然、自由、平静的精神状态和心灵体验,故称为"心闲"。身闲是一种本能、物理自然,以感官体验为主。心闲是一种境界、精神自然,以内在道德超然为主。明代张萱曰:"闲有二,有心闲,有身闲。辞轩冕之荣,据林泉之安,此身闲也;脱略势利,超然物表,此心闲也。"闲有两种,一种是心闲,另一种是身闲。辞去官位爵禄的荣华,享受山林泉水的恬静,这就是身闲。远离势利,看轻势利,跳出事物看事物,这是心闲。

古代更重视心闲。明代洪应明指出了忙和闲的辩证关系:"从静中观物动,向闲处看人忙,才得超尘脱俗的趣味。遇忙处会偷闲,处闹中能取静,便是安身立命的功夫。"(《菜根谭·应酬》)静中观动,闲处看忙,才能获得超尘脱俗的情趣。忙里偷闲，闹中取静，方可体现安身立命的水平。

明代张萱在《西园闻见录·投闲》中比较了韩愈、陶渊明、朱熹对闲的态度，表达出他对心闲的崇仰："韩愈曰：'断送一生惟有酒，寻思百计不如闲。'陶渊明诗曰：'形迹凭化往，灵府长独闲。'朱晦翁诗曰：'深源定自闲中得，妙用元从乐处生'，是闲一也。韩不如陶，陶不如朱。"韩愈说："陪伴一生最好的是酒，什么事情都不如闲。"这里的闲，主要是指身闲。陶渊明说："身体是大自然的产物，我无法控制，但是，心灵是我的，我可以让我的内心长时间处于一种舒适的状态。"于是，身闲走向心闲。朱熹说："智慧深处的源泉一定来自闲适之中，世间神妙的作用一定产生于快乐之处。"这是闲的要点。因此，对于闲的认识，韩愈不如陶渊明，陶渊明不如朱熹。

从先秦到明清的整个历史脉络来看，中国闲暇史总的发展趋势是"心闲"向"身闲"的下落。

庄子从心理哲学角度提出"心闲"的思想。《庄子·庄子与惠子游于濠梁之上》中，庄周与惠施关于"鱼之乐"的问题有一段精彩的对话。"庄子与惠子游于濠梁之上。庄子曰：'鯈鱼出游从容，是鱼之乐也。'惠子曰：'子非鱼，安知鱼之乐？'庄子曰：'子非我，安知我不知鱼之乐？'"庄子与惠子在濠梁之上游玩，庄子说："白鯈鱼自由自在、从从容容、游进游出，鱼儿真的是快乐啊！"惠子反问道："你又不是鱼，你怎么知道鱼是快乐的呢？"庄子反问道："你又不是我，你怎么知道我不知道鱼是快乐的呢？"这个故事有很多诠释。从闲暇理论的角度分析，惠子虽然观鱼，但是"不知鱼"，这是一种物理闲暇——身闲。庄子不仅观鱼，而且"知鱼"，这就进入了心理闲暇——心闲。

西晋郭象说："夫圣人虽在庙堂之上，然其心无异于山林之中。"(《逍遥游注》)圣人虽然身在庙堂之上，但是他的心却像在山林之中。"心闲"是指不论身在何处，都能放飞心情。程颢说："心闲不为管弦乐，道胜岂因名利荣。"(《呈邑令张寺丞·其二》)内心闲适不是由管弦的快乐带来，道德高尚怎会因名利的荣耀所致。"心闲"是"天理"之闲。

魏晋南北朝以后,"心闲"开始下落。魏晋时期的"竹林七贤",在当时河南境内山阳县的竹林中,畅饮,放歌,讨论老庄,杂以儒学,并开创了一个学派,叫做"竹林玄学"。晋代王康琚有小隐、大隐思想:"小隐隐陵薮,大隐隐朝市。"(《反招隐诗》)小隐隐于山陵湖泽,大隐隐于朝廷闹市。

唐朝白居易专门阐述了中隐思想,他说的"中隐"就是做"闲官":"大隐住朝市,小隐入丘樊。丘樊太冷落,朝市太嚣喧。不如作中隐,隐在留司官。似出复似处,非忙亦非闲。不劳心与力,又免饥与寒。终岁无公事,随月有俸钱。"(《中隐》)大隐是身处高位、闹市,小隐是入住园圃、乡村。园圃、乡村太冷清,高位、闹市太喧嚣。不如作中隐,隐在留司官(官名:太子宾客,一种闲职)。既像出山又像隐居,既不太忙又不太闲。既不会劳心劳力,又避免饥饿寒冷。整年没公事,按月发工资。白居易主张先身闲,后心闲:"先务身安闲,次要心欢适。"(《闲适四·咏怀》)首先务必做到身体安静闲逸,然后才能实现心情欢快舒适。从此,身闲重于心闲的思想在文人当中开始流行。

进入宋朝,尤其到了明朝,世俗商业、逐利意识高涨,虽谈不上人人经商,但是商业意识已经深入人心。明朝邱浚说:"吾见天下之人,不商其身,而商其志者,比比而然。"(《重编琼台稿》)我纵观天下的人,虽然不是商人出身,然而却有商业意识,这种人比比皆是。于是,闲暇开始了由"心闲"向"身闲"的转化。

明朝,"山人"一族出现,"山人"不是深居深山之人,而是一些想仿效"中隐"的读书人,他们没有固定的官职和经济来源,是权贵官宦的"帮闲"。"山人"的人格是分裂的,也被有骨气的人士所不耻。明朝李贽对其深恶痛绝,他在《又与焦弱候》中说:"今之所谓圣人者,其与今之所谓山人者一也,特有幸不幸之异耳。幸而能诗,则自称曰山人;不幸而不能诗,则辞却山人而以圣人名。幸而能讲良知,则自称曰圣人;不幸而不能讲良知,则谢却圣人而以山人称。展转反复,以欺世获利。名为山人而心同商贾,口谈道德而志在穿窬。"当今所谓的圣人,其实和当今所谓的山人是一样的,只是有幸和不幸的差别。有幸能够作诗,则自称为山人;不幸而不能作诗,则不自称山人而自称为圣人。有幸能讲点良知,则自称为圣人；不幸而不能讲良知，则不称圣人而以山人自居。总是反反复复，以此欺世获利。名叫山人却心如奸商，口谈道德却志在偷盗。

清代蒋士铨严厉批评陈继儒是"假隐""奸隐"，认为他看似风雅清高，实则巴结权贵："翩然一只云中鹤，飞来飞去宰相衙。"(《临川梦·隐奸》)翩翩起舞，俨然一只云中仙鹤；飞来飞去，总也离不开宰相衙门。

综上所述，中国古代闲暇思想与行为的另一特点是：物理闲暇与心理闲暇的统一，即身闲与心闲的统一。身闲是心闲的前提，心闲重于身闲。闲暇的最佳境界是身心俱闲。

三、在闲暇物质消费与闲暇精神享受间游移

中国古代闲暇活动的形式主要有三种：物质消费、读书学习、精神享受。

物质消费是基础，例如各种娱乐消费。读书学习的功能介于物质消费与精神享受之间，是从物质消费向精神享受过渡的桥梁。精神享受是闲暇活动的最高境界，也是先哲追求的最终目标，它的主要形式是静思、养心。

明朝袁中道在《感怀诗·珂雪斋集》中提出了经典的"三层楼理论"，并对其做了精辟的论述："山村松树里，欲建三层楼。上层以静息，焚香学熏修。中层贮书籍，松风鸣飕飕。右手持净名，左手持庄周。下层贮妓乐，置酒召冶游。"在山村的松树林中，我想建一栋三层楼的房子，最上面一层用来歇息静思，点着香学习静心修行。中间一层用来存放书籍，清风穿过松林，发出飕飕的呼啸，我认真读书，右手拿着佛家经典《净名》，左手拿着道家经典《庄周》。最下面一层是娱乐场所，我邀请妓人来表演，摆放美酒，寻欢作乐。

当我读到这首诗时，心中不禁阵阵感慨：先哲们是多么的智慧！这个"三层楼理论"与美国心理学家马斯洛的需求层次理论有着异曲同工之处。

中国古代的休闲哲学是一种内在超越的自由境界。孔子的"悦乐"境界，是从心灵层面实现一种精神自足。庄子的"心闲无事"，将"闲"定格在哲学高度：超越世俗所累的精神自由，一种至高人生境界。陆游对闲暇精神享受的要求远远

高于闲暇物质消费:"闲中有味君知否,熊掌驼峰未是珍。"(《闲昧》)不知阁下是否知道:休闲之中很有滋味,和它相比,熊掌驼峰都算不上珍品。

明代诗人谢肇淛在《五杂俎·卷十三·事部一》中,对于闲暇消费有系统的论述。他非常推崇闲暇的精神享受:"'名利不如闲',世人常语也。然所谓闲者,不徇利,不求名,澹然无营,俯仰自足之谓也。而闲之中,可以进德,可以立言,可以了生死之故,可以通万物之理,所谓'终日乾乾欲及时'也。"世人常说:"名利不如休闲"。闲暇,不追寻利,不贪求名,恬淡超然,没有诉求,举止之间,自然满足。在闲暇之中,人们可以提高道德修养,可以创作名言警句,可以了解什么是生死,可以通晓万物的道理。

谢肇淛追求简朴典雅的闲暇生活:"竹楼数间,负山临水;疏松修竹,诘屈委蛇;怪石落落,不拘位置;藏书万卷其中,长几软榻,一香一茗,同心良友,闲日过从,坐卧笑谈,随意所适,不营衣食,不问米盐,不叙寒暄,不言朝市,丘壑涯分,于斯极矣!"竹子搭建的小楼中有很多房间,后靠山,前临水。稀疏的松树,修长的竹子,道路弯曲绵延,怪石稀稀落落,东一个、西一个。楼中藏书万卷,长长的茶几,软软的卧榻,一人一杯香茶,志同道合的好友,闲暇之日来访,坐着躺着笑谈,随意舒适轻松,不追求衣食,不问及米盐,不客套寒暄,不谈论朝廷市井,山峰河谷,界限分明,在这里达到了极致。

他批判人们注重闲暇物质消费而忽视其精神层面的享受:"今人以宫室之美,妻妾之奉,口厌粱肉,身薄纨绮,通宵歌舞之场,半昼床第之上,以为闲也,而修身行己,好学齐家之事,一切付之醉梦中,此是天地间一蠹物,何名利不如之有。"当今之人认为,住着豪宅、妻妾成群侍奉、吃着精美饭菜、穿着绫罗绸缎、在通宵歌舞的场所、在寻欢作乐的床上,这就是休闲。然而,把提高自身修养,规范个人行为,热爱学习,家庭和谐等事情,通通都扔到醉酒睡梦之中。这是天地间的一只蛀虫,和追求名利是一样的。

对于闲暇物质消费的需求是人们的生性使然。古人不避讳自己对闲暇物质消费的追求和对闲适的爱好。《晋书·文苑列传·张翰》记载:"翰任心自适,不求当世。或谓之曰：'卿乃可纵适一时，独不为身后名邪？'答曰：'使我有身后名，不如即时一杯酒。'时人贵其旷达。"西晋文学家张翰，放飞心情，自我闲适，不追求世间的功名利禄。有人问他："你只顾一时纵情闲适，怎么能不为身后的名声考虑呢？"他坦言道："让我日后有名望，不如现在一杯酒。"当时人们都夸赞他活得旷达。成语"旷达不羁"出自于此。

明末清初文学家张岱在其墓志铭中直言不讳地论及自己："蜀人张岱，陶庵其号也。少为纨绔子弟，极爱繁华，好精舍，好美婢，好娈童，好鲜衣，好美食，好骏马，好华灯，好烟火，好梨园，好鼓吹，好古董，好花鸟，兼以茶淫橘虐，书蠹诗魔……"（《自为墓志铭》）张岱，四川人，号陶庵。他年少时是个纨绔子弟，十分喜爱繁华场所，喜欢精美住宅，漂亮婢女，同性美男，鲜艳服装，美味佳肴，骏马、华灯、烟火、梨园戏曲、鼓乐吹奏、古董、花鸟，而且，沉湎品茶食橘，迷恋书籍诗歌。张岱的这段描述使一个纨绔子弟的形象跃然纸上，然而，从另外一个角度分析，它极具价值，因为它让我们了解当时社会主要的、流行的闲暇消费项目。

明代是中国社会的一个转折时期，随着资本主义萌芽的出现，经济发展，城市繁荣，市民阶层日益壮大，商人阶层迅速崛起。在张扬个性、肯定人欲的新思想影响下，"好货""好色"成为人们光明正大追求的目标。

明朝"公安三袁"之一的袁宏道在《龚惟长先生》中描述了"五快活"，极尽人间物欲快活之能事。同时，他也指出了这些快活的最后结局：沿街乞讨、狼狈不堪、被人耻笑。我觉得袁宏道是在正话反说，提醒人们：如果不能承受穷困潦倒的后果，如果不能把恬不知耻也当作快活，那就千万不要去享受其他四种快活。袁宏道还认为，好色是人性使然，如不承认就是自欺欺人："夫世果有不好色之人哉？若果有不好色之人，尼父亦不必借之以明不欺矣。"（《兰亭记》）这个世界上果然有不好色的人吗？如果真的有不好色的人，孔子也不必感叹，从未见过一个人像好色一样好德。

清代袁枚也毫不忌讳地在文章中谈及自己的爱好："袁子好味，好色，好葺屋，好游，好友，好花竹泉石，好珪璋彝尊、名人字画，又好书。"（《所好轩记》）我喜欢美味,喜欢美女,喜欢草屋,喜欢旅游,喜欢交友,喜欢鲜花、修竹、清泉、怪石,喜欢贵重玉器、祭享酒器,喜欢名人字画,又喜欢书籍。袁枚的闲暇消费内容是丰富多彩的。

由此可见,先人们一直在闲暇物质消费与闲暇精神享受之间挣扎、游移。

四、中国古代闲暇消费方式以"静"为主要特征

中国古代的闲暇消费方式,以"静"为主要特征。西方的闲暇消费,以"动"为主要特征。中国的闲暇消费讲究"静""天人合一",讲究内心的平和。运动是绝对的,静止是相对的。这种相对的"静",则是人生非常重要的状态。

中国的先哲们大多喜欢静。比如,老子就非常重视静。《道德经》说:"夫物芸芸,各复归其根。归根曰静,静曰复命。复命曰常,知常曰明。"万物纷繁复杂,最后都要回归到各自的根本。回归本源叫作静,静是回归生命的本性。回归生命的本性是不变的法则,了解不变的法则叫作明智。

《道德经》是老子写给统治者的教科书。他对统治者谆谆教诲:"我无为,而民自化;我好静,而民自正;我无事,而民自富;我无欲,而民自朴。"我不乱作为,民众会自然教化;我喜欢清静,民众会自行安定;我不乱惹事,民众会自己富裕;我没有欲望,民众会自然朴素。为什么老子要求统治者"无为、无事、无欲"？因为他通过"大数据分析"后发现,绝大部分统治者的有为、有事、有欲都会给民众带来很多麻烦,甚至是灾难性的后果,他们的"动"大多是瞎折腾。比如,"新官上任三把火",新官们常常还没调查研究,一上任就烧,结果是乱烧。因此,老子反复强调:"清静为天下正。"清静会使天下安定。"不欲以静,天下将自正。"一个人用安静独处的方式,让自己的欲望变少,天下就会慢慢安定下来。

当然,《道德经》也是一本哲学书,通用性很强。它没有时间、地点、人物、故事,语句高度概括,老百姓也能从中读出适合自己的内容。老子说:"浊以静之徐清。"他讲了一个普遍的现象:一瓶浑浊的水,放在那里不动,慢慢地,泥沙就沉淀下去了,水就清澈了。因此,静了以后才会净。我们也是一样,整天忙碌,不断动

荡,心就会躁动不安。人只有清静下来,心才会变得清净,才会心平气和,才能客观分析事物的本源,看清世界的真相。

  小时候没有电扇、空调,天气很热,摇个扇子,越扇越热,妈妈就会告诉我:"不要躁,心静自然凉。"其实,人生也是一样。当心静下来,你会突然发现:周围一切也都静了下来,世界也就干净了。曾几何时,我自认为干得不错,应该上个台阶。结果没能如愿,我感到很沮丧,感觉周围的人眼神有些异样。当我调整好心态后,发现周围的人眼神复归平常。我顿悟了:我没那么重要,别高看自己,我的喜怒哀乐和大千世界没有关系。因为我心情不好,所以才觉别人异样;因为我内心平静,所以才觉世界正常。

  《坛经》记载:"时有风吹幡动。一僧曰风动,一僧曰幡动。议论不已。惠能进曰:'非风动,非幡动,仁者心动。'"两个和尚在争论风吹幡动,到底是什么关键因素导致了"动"?一个说是风,若没风,幡就没法动。另一个说是幡,若没幡,风动也无意义?六祖惠能没有回答"动"的原因是风还是幡,他站在更高的角度,探寻了"动"的根源:一切的"动"都是源于"心动";心,才是本源。

  读过《坛经》中的这个故事,我有了自己的感悟。风吹幡动,是一种自然现象,如果我们的心像幡,风吹过来,一定会动,小风小动,大风大动。我们生活在大千世界,每天都有各种事情发生,而且,不定期地会有大事发生,怎样保持内心世界的平静和清净?这就需要"敬",要有敬畏心。有一种神奇的力量,主宰着世界的一切,我称之为"超自然的力量"。我们无法掌控这种力量,只有敬重它、接受它。当我们心中有了"敬",就会对这个世界发生的一切感到释然,取得成绩不会居功自傲,遭受失败也不怨天尤人,对待幸运厄运,都能泰然处之。因此,"静"会产生"净","净"会产生"敬"。反过来,"敬"有助于"净","净"促使人"静"。当看到某人处事不惊,喜欢平静独处时,我就会对他充满敬意:"静"是他呈现出的一种状态,他的内心既"净"又"敬"。

  "动"很难带来"净","静"并不必然会带来"净"。2022年的上海,同样经历了数月的"足不出户",有些人焦躁不安,有些人心如止水。面临同样的处境,为什么有些人还能保持内心的平静？如果一个人对大自然、对生活有敬畏之心，身处和平的环境会感恩惜福，面对生活的不顺会从容淡定。不顺才是生活本来的样子。因此，即使遭遇灾难，也会冷静处理。

"静"是儒释道三家都向往的人生境界。儒家讲究静。子曰："仁者静。"（《论语·雍也》）孔子说：仁德的人爱好安静。曾子曰："定而后能静，静而后能安。"（《大学》）身定然后能清静，清静然后能心安。对此，南怀瑾先生有过辩证的分析：一个人如果把心定下来，便会有一种宁静的感受。尤其当某人每天都活在极度的忙碌紧张中，只要能够得到片刻安静，就会觉得是很大的享受。当然，也不一定，有些人习惯于紧张忙碌的生活，一旦宁静无事下来，反而觉得无比寂寞，甚至滋生悲哀之感。[①] 道家追求静。"致虚极，守静笃。"（《道德经》）极力达到心灵的虚空，坚定守护内心的安静。佛家讲究"随处安闲。"（《山居》）随时随地都保持安静闲适的空心。南禅宗慧能解释"禅定"时说："外离相为禅，内不乱为定。"（《六祖坛经》）超然物外就是禅，内心不乱就是定。

"人生而静，天之性也。"（《礼记·乐记》）人，生来就喜欢安静，这是一种天性。平静、中和也是中国古代闲暇的表现形态。中国历来把"忙"与"动"相联系，把"闲"与"静"相对应。"闲居静思，鼓琴读书。"（《淮南子·修务训》）悠闲居住，安静思考，演奏琴瑟，认真读书。"遂造穷谷间，始知静者闲。"（《寻高凤石门山中之丹丘》）只有亲自探访深幽的山谷，才能真正理解静者的安闲。宋朝的程颢创作了许多关于"闲、静"的诗作："水心云影闲相照，林下泉声静自来。"（《游月陂》）湖水中央，云朵倒影相互映照，显得那么悠闲。密林之下，清泉流动响声潺潺，变得更加寂静。"静听禽声乐，闲招月色过。"（《和花庵》）安静时，听着家禽的叫声就像美妙的音乐；闲适时，和月色打招呼邀请它过来坐坐。"闲来无事不从容，睡觉东窗日已红。万物静观皆自得，四时佳兴与人同。"（《秋日偶成》）闲暇时光，没有什么事情是不从容自如的。一觉醒来，东边窗户已是旭日通红。静观万物，就可以获得自然的乐趣。四季美景，人都能找到相同的兴致。这些作品都体现出

---

① 南怀瑾.南怀瑾选集：第10卷[M].上海：复旦大学出版社，2003：85.

生命中从容、自然的"静"。

诸葛亮戎马一生,他也非常重视"静"。他在《诫子书》中反复强调"静"的重要性:"夫君子之行,静以修身,俭以养德。非淡泊无以明志,非宁静无以致远。夫学须静也,才须学也。"君子的德行,用静来修身,用俭来养德。没有淡泊就无法明确志向,没有宁静就不能到达远方。因此,学习需要宁静,才识需要学习。袁中道的"三层楼理论"也是以修心静思为最高境界。

闲,作为一种精神世界就是自然的流淌、平静的自由、心灵的体验。"閒"从月,"閒"字的本意是安详、静谧。

明代洪应明说:"从静中观物动,向闲处看人忙,才得超尘脱俗的趣味;遇忙处会偷闲,处闹中能取静,便是安身立命的功夫。"在安静时观察事物运动,用闲适心看待人们忙碌,才能得到超越凡人、脱离世俗的趣味。遇繁忙之时懂得抽空休闲,处热闹之地能够保持安静,这样才是安定生活、树立使命的功夫。他诠释了"静与动""闲与忙"的关系:静中观动,闲处看忙,超凡脱俗;忙里偷闲,闹中取静,安身立命。

中国养生学中的"六养"也是以"闲"和"静"为主要特征:"流水之声可以养耳,青禾至绿可以养目,观书绎理可以养心,弹琴学字可以养脑,逍遥杖履可以养足,静坐调息可以养骸。"流水潺潺声音动听可以养耳,青禾绿草颜色淡雅可以养目,开心看书阐述道理可以养心,弹琴赏乐学习练字可以养脑,逍遥自在拄杖漫步可以养足,安静独坐调节气息可以养筋骨。

中国古诗词中也有许多关于闲静的佳作。例如:唐代王维的《山居秋暝》:"空山新雨后,天气晚来秋。明月松间照,清泉石上流。"群山空旷,一场新雨,夜幕降临,秋风清爽。松树之间,明月闪耀,石头上面,清泉流动。还有唐代刘长卿的《湘中纪行十首·花石潭》:"江枫日摇落,转爱寒潭静。"江边的枫树轻轻摇曳,夕阳在树梢上慢慢落下。转头看到身边的深潭是那么可爱,冰凉的潭水是那么安静。"人闲流更慢,鱼戏波难定。"人在悠闲的时候,时间的脚步都放慢了,水流仿佛也慢了。静静的水面偶尔有鱼嬉戏,激起阵阵涟漪,一波接一波。多么安详静谧的画面,没有悠闲、安静的心境一定体会不到其精髓。

古代许多闲暇活动,如闲居、读书、画画、弹琴等都要求内心的平静:"闲居可以养志,《诗》《书》足以自娱。"(《后汉书》)悠闲地居住可以培养志向,读《诗经》《书经》足以自娱自乐。北宋郭若虚在谈论画画时说:"夫内自足然后神闲意定,神闲意定则思不竭而笔不困也。"(《图画见闻志·论用笔得失》)内心自然充实,然后神态悠闲、心意稳定。神态悠闲、心意稳定,思路就不会枯竭,于是,下笔就不会困顿。中国的"气功",更是讲求凝神静心,寓动于静,以获外体静止、内气独动的强身养生之效。

第三节　中国古代闲暇活动的主要内容

中国古代的教育以"六艺"(礼、乐、射、御、书、数)为主要科目,读书以"六经"(《诗》《书》《礼》《乐》《易》《春秋》)为主要内容。中国古代闲暇活动又被称为"闲业",在晋代后期逐渐被人们关注和传播。唐宋以后,闲暇活动的内容不断增加。如清代张潮描述:"人莫乐于闲,非无所事事之谓也。闲则能读书,闲则能游名胜,闲则能交益友,闲则能饮酒,闲则能著书,天下之乐,孰大于是。"(《幽梦影》)人最大的快乐就是闲,闲并不是无所事事,有了闲就能读书,有了闲就能游历山川名胜,有了闲就能结交益友,有了闲就能饮酒,有了闲就能著书立说。天下还有什么比闲更大的快乐呢?

明末清初的戏曲理论家李渔在理论层面探讨并论述闲暇活动,他的著作《闲情偶寄》包含了相当丰富的休闲学思想。关于闲暇活动的论述,有别于先人枯燥的、不食人间烟火的说教,他引导人们从事正确的、有益的闲暇活动,以"润物细无声"的方式,让人们接受"崇尚俭朴"的理念,达到"正俗先正其心"的目的。"风俗之靡,犹于人心之坏,正俗必先正心。然近日人情喜读闲书,畏听庄论。有心劝世者，正告则不足，旁引曲譬则有余。是集也，纯以劝惩为心，而又不标劝惩之目，名曰《闲情偶寄》者，虑人目为庄论而避之也。"社会风气不正，根源是人心败坏，要纠正社会风气，必先端正人心。近日来，人们喜爱阅读闲书，不愿听严肃的言论。有心劝世的人，正面劝告就怕大家不听，旁征隐喻又怕人们不懂。这本集子，纯粹以劝善惩恶为本意，但不以劝善惩恶为题目。之所以取名《闲情偶寄》，就是因为顾及人们把它视为严肃的言论而避开它。

《闲情偶寄》的前几篇都是谈风雅韵事。正论放在后面，希望人们从风雅到严肃，借草木昆虫、活命养生达到劝善惩恶的本意。其中，"居室部""器玩部""种植部""颐养部"论述休闲环境、休闲活动、休闲方法。

中国古代闲暇活动随时间的推移，有很大的变化，而且没有系统的研究，本书力求对其整理分类。主流的闲暇消费活动，大致可以分为"文""动""饮""色"四大类。

一、文

"文"包括琴、棋、书、画、读书、音乐欣赏、啸歌、赏月、观鱼、吟诗、清谈、听戏曲、看百戏（口技、杂技、魔术等娱乐项目的总称）等。"文"的闲暇活动偏安静。

中国古代高雅的闲暇活动中，"琴"位居第一。琴，是中国古乐器之一。古人抒发情感，除了通过唱歌，还可以借助于各种金、石、管、弦弹奏。中国先哲认为诗和乐均可言志抒情，诗是风雅，乐则是大雅，音乐是高于诗的，音乐的重要性甚至上升到国泰民安的高度："故乐行而伦清，耳目聪明，血气和平，移风易俗，天下皆宁。"（《礼记·乐记》）音乐得到推广之后，人间伦理变得清晰。于是，人们耳聪目明，心情和平，达到移风易俗、天下安宁的目的。文人雅士以琴抚心，并在其中陶冶性情，培养了对美的情趣。伯牙和钟子期有"高山流水觅知音"的感人故事。当伯牙弹奏"志在高山"时，钟子期叹赞："善哉，峨峨兮若泰山！"太棒了！巍峨啊！就像泰山！当伯牙弹奏"志在流水"时，钟子期叹赞："善哉，洋洋兮若江河！"太棒了！奔腾啊！就像江河！音乐主要靠感知，它是难以用语言表达出来的，所谓"只可意会，不可言传"。

白居易在《琵琶行》中，惟妙惟肖地描写弹琴，实现了对音乐精彩的"言传"："大弦嘈嘈如急雨，小弦切切如私语。嘈嘈切切错杂弹，大珠小珠落玉盘。间关莺语花底滑，幽咽泉流冰下难。冰泉冷涩弦凝绝，凝绝不通声暂歇。别有幽愁暗恨生，此时无声胜有声。银瓶乍破水浆迸，铁骑突出刀枪鸣。曲终收拨当心画，四弦一声如裂帛。"大弦昂扬如暴风骤雨，小弦轻幽如窃窃私语。昂扬轻幽交错弹奏，就像大小珍珠掉落玉盘。像黄鹂在花下婉转啼鸣，像泉水在冰下滞流不畅。像冰凉的泉水渐渐凝结一样，弦的弹奏开始慢了下来，凝结不通，声音停歇。安静中却另有一种幽怨愁思暗暗滋生，这时无声的表达胜过有声的倾诉。突然，弦声响起，就像银瓶破裂水浆迸发，又像铁骑冲出，刀枪齐鸣。一曲终了，拨子在琴弦当中划过，一声轰鸣，四弦之音就像绸缎撕裂。今天，我们已无法领略这首曲子的美妙，而白居易用语言记录音乐的诗篇却成了千古绝唱。

令人遗憾的是，中国古代的乐谱基本上没有保留下来。《六经》中的《乐经》失传了，只剩下《诗》《书》《礼》《易》《春秋》。"高山流水觅知音"也是一个令人伤感的故事。钟子期死后，伯牙就把琴摔了，从此以后，再也不弹琴了，因为"知音难觅"。于是，他的音乐作品也失传了。嵇康在临行前，向人借了一把琴，最后弹奏了一回《广陵散》，并慨然长叹："《广陵散》于今绝矣！"虽然白居易用文字描写了《琵琶行》，但是，因为没有记录乐谱，音乐也没有保留。

下棋是中国古代娱乐生活的重要组成部分。明代谢肇淛说："古今之戏，流传最为久远者，莫如围棋。"古今各种游戏，流传最为久远的，莫过于围棋。棋出现在许多文学作品里，表达主人公的从容淡定。在文学作品中，我们常常可以看到这样的场景：大兵压境，主人公从容对弈，气定神闲。淝水之战，东晋的谢玄以少胜多，大败前秦的苻坚。捷报送达都城，总指挥谢安（谢玄的叔叔）正在与人下棋，他将信看完，默默无言，继续下棋。一局终了，他才缓缓起身，不紧不慢地说："我家小儿，大胜敌军。"下棋者和旁观者都目瞪口呆。他真的不兴奋吗？他真的那么镇定自若吗？不！他回房间的时候，兴奋得连拖鞋的后跟都卡在门缝里，这便是成语:"矫情镇物"的出处,比喻故作安闲镇定,让人捉摸不定。

棋是人类智慧的结晶,对弈能体现一个人的性格,自古以来就有"以棋观人"之说。《世说新语》记载:王坦之以围棋为坐隐,高僧支循以围棋为手谈,从此"坐隐"和"手谈"成为围棋的别称。东汉马融的《围棋赋》则以围棋为题畅谈人生感悟:"略观围棋兮,法于用兵"。观察下围棋,就像带兵打仗。南朝梁人任昉的《述异记》中关于"烂柯"的传说更是脍炙人口:王质进山砍柴,偶遇两位童子下围棋,近前观看,童子给王质吃了一棵枣核,棋还没下完,竟发现斧柄都烂了,下山回家,发现已历百年。宋朝黄庭坚说:"谁谓吾徒犹爱日,参横月落不曾知。"(《弈棋二首呈任公渐》)谁说我们这些文人爱惜光阴?不知不觉下棋就下到了第二天天色将明。下围棋具有让人忘忧的功能,不知不觉时间飞逝。

唐宋是中国文化兴盛时期,围棋也成为文人、士大夫乃至君王休闲活动重要的组成部分。宋太祖赵匡胤年轻时有两个爱好:一是好赌,二是好弈。他与陈抟老祖对弈下赌,竟以华山为注,最后败北,只好将华山"封"给陈抟。以"棋"为题的诗作比比皆是。杜甫诗云:"老妻画纸为棋局,稚子敲针作钓钩。"(《江村》)年老的妻子在纸上画棋盘,幼小的孩子敲针作为钓钩。白居易诗云:"花下狂放冲黑饮,灯前起坐彻明棋。"(《独树浦雨夜寄李六郎中》)在夜色中的花下狂放饮酒,在灯前相对而坐下棋直到天明。黄庭坚诗云:"偶无公事客休时,席上谈兵校两棋。"(《弈棋二首呈任公渐》)偶然没有公事和客人一起休闲,在席上谈论兵法,下两盘棋一较高下。陆游诗云:"悠然笑向山僧说,又得浮生一局棋。"(《夏日北榭赋诗弈棋欣然有作》)悠然地笑着对山中的僧人说:又得以在短暂的人生中下了一局棋。宋代释绍嵩诗云:"静阅王维画,闲围李远棋。"(《遣怀》)安静时观看王维的画,闲暇时琢磨李远的棋。中国篇幅最长的围棋诗当属北宋哲学家邵雍的《观棋大吟》,该诗以下棋比喻人生,全诗长达360句。

南宋诗人赵师秀的《约客》描写了约朋友下围棋的场景:"黄梅时节家家雨,青草池塘处处蛙。有约不来过夜半,闲敲棋子落灯花。"那是一个黄梅时节,家家户户的屋檐都在落着雨水,滴滴答答,青草环绕的池塘处处都是蛙声,此起彼伏。

和好友相约下棋,已过半夜他还没来,我坐在棋盘边静静等待,悠闲地敲击着棋子,一次次震落了灯花。雨声、蛙声、敲棋声,还有无声掉下的灯花,把"闲、静"描写得非常到位。天雨路滑,夜深人静,好友应该不会来了吧?万一他要是来了呢?这种没有多大希望,却又抱着一丝希望的等待,感觉是非常美妙的。这是通信不发达的时代才有的场景,现代人很难感受得到。

书、画通常合称为"书画",也是自古以来人们喜爱的休闲方式,同样可抒发情怀。最早的汉字是取法于天地日月、山川草木和飞禽走兽。西晋文学家、书法家陆机说:"笼天地于形内,挫万物于笔端。"(《文赋》)将天地万物的具象纳入头脑,加工消化,形成意象,再用笔表达出来。写文章应该这样,创作书画同样如此。东汉文学家蔡邕认为:"夫书肇于自然,自然既立,阴阳生焉;阴阳既生,形势出矣。"(《九势》)书法是自然而然的表现,如果自然而然地展示,阴阳就产生了,当阴阳产生了,形态和气势就出来了。书法的"阴阳",是指笔画的粗细、方圆,结体的大小、正侧,章法的虚实、疏密,用墨的浓淡、枯湿,下笔的轻重、缓急。"形",体现出书法的造型、布局、空间等。"势",体现出书法的运动性、时间性、音乐性。

书画,体现人的性格甚至品德。人如其字,字如其人。绘画,也是如此。明代李日华说:"文徵老自题《米山》曰:'人品不高,用墨无法。'"明代书画家文徵明在自题《米山》时说:人品不高的人,在书画艺术上难以取得成就。

读书是古代闲暇消费活动的一项重要内容。宋末元初诗人翁森的劝学诗《四时读书乐》描绘道,一年四季都是读书的好季节。

春天,有山光、水色、细雨、春风、鸟鸣、树枝、落花、流水,这种环境适宜读书:"山光拂槛水绕廊,舞雩归咏春风香。好鸟枝头亦朋友,落花水面皆文章。蹉跎莫遣韶光老,人生唯有读书好。读书之乐乐何如?绿满窗前草不除。"阳光透过美丽的山岗,轻轻抚摸着栏杆,潺潺流水绕着回廊,沐浴着花香弥漫的春风,在舞雩坛上游玩,然后一路吟着诗、唱着歌,尽兴回家。听着鸟儿在枝头鸣叫,就像聆听好朋友的话语,落花洒在水面,像一篇篇优美的文章。不要浪费时间,光阴飞逝,青春年华一下就会老去,人生只有读书是美好的事情。读书的乐趣在哪里呢？窗外，满目翠绿，青草爬上了窗台。

夏天，有修竹、房屋、桑树、书房、红霞、蝉鸣、萤火虫，这种环境适宜读书："修竹压檐桑四围，小斋幽敞明朱晖。昼长吟罢蝉鸣树，夜深烬落萤入帏。北窗高卧羲皇侣，只因素谂读书趣。读书之乐乐无穷，瑶琴一曲来薰风。"长长的竹子垂在屋檐上，四周种满了桑树，小屋幽静敞亮，红色的霞光照进屋内。白天和着蝉鸣在树林中吟诗朗诵，读书到深夜，灯芯烧尽了，萤火虫飞入帷帐。闲适地躺在北面的窗户下，就像远古时羲皇伴侣一样自由自在。只因为从来就知道读书的快乐，读书的乐趣真是无穷啊！就好像用瑶琴弹奏高雅的音乐，还带来了徐徐微风。

秋天，有落叶、豆花、蟋蟀、树林、卧榻、灯架、明月、秋霜，这种环境适宜读书："昨夜前庭叶有声，篱豆花开蟋蟀鸣。不觉商意满林薄，萧然万籁涵虚清。近床赖有短檠在，对此读书功更倍。读书之乐乐陶陶，起弄明月霜天高。"昨天晚上，落叶掉在厅堂前面，发出沙沙的响声，扁豆花开，蟋蟀鸣叫。不知不觉，秋风刮起，林中的树叶都渐渐稀薄了，大地失去了喧嚣，蓝天映在水中，清澈透明，带着几分凉意。好在床边有一盏矮灯，在灯下读书事半功倍，效率更高。读书真的是太快乐了，偶尔观赏明月，感受秋高气爽。

冬天，有河床、岩壁、书籍、大雪、火炉、茶壶、梅花，这种环境适宜读书："木落水尽千岩枯，迥然吾亦见真吾。坐对韦编灯动壁，高歌夜半雪压庐。地炉茶鼎烹活火，四壁图书中有我。读书之乐何处寻？数点梅花天地心。"树木凋落，溪水干涸，群山枯萎。我也发现了现实的我和本质的我，"真我"，差别很大。我坐着看书，灯光摇曳，墙壁好像也在晃动，半夜时分，高声诵唱，积雪覆盖了房顶。地上，炉火在燃烧，锅里煮着茶，屋里的四周放满了图书，我就坐在书中学习。到哪里去寻找读书的快乐？就在这寒冬，看着几朵盛开的梅花，感悟天地万物之心。

朱熹的《观书有感》脍炙人口，它看似一首山水诗，其实是一首凝聚着作者读书心得的哲理诗，教育我们要不断读书、不断学习。"半亩方塘一鉴开，天光云影共徘徊。问渠那得清如许？为有源头活水来。"半亩大的长方形池塘，清澈明净，就像一面打开的镜子。天空的日光和云彩映入水中,一起晃动、闪耀。为什么池水会如此清净?只因为有永不枯竭的源泉,不断输送活水。

闲暇读书首推阅读小说。清代的陶家鹤说出了人们喜读小说的原因:"余每于经史百家披阅之暇时,注意于说部,为其不费心力,可娱目适情耳。"(《绿野仙踪》序)我研究经学史学诸子百家,累了困了,就会休息一下,这时,我就会读小说。因为这样就不会太耗费脑力,而且可以让人娱目快心。小说有愉悦心情、修身养性的功能,成为人们闲暇时的选择。很多皇帝也喜欢看小说。比如,宋高宗喜欢阅读话本小说,他命人日进一帙,若哪天的小说令他快意,他就赏赐进小说之人。

百戏上承夏代的乐舞、周代的"散乐""讲武",下启后代的戏曲、乐舞、杂技等艺术,它冲破了周礼规定的"礼乐"的束缚,摒弃了日益僵化的庙堂歌舞,成了老百姓喜闻乐见的闲暇消费内容。

赏月也是先人闲暇活动的一项重要内容。"床前明月光,疑是地上霜。""举杯邀明月,对影成三人。"等吟月名句脍炙人口。

关于闲来享受清风明月,还有一篇名作就是苏轼的《点绛唇》:"闲倚胡床,庾公楼外峰千朵。与谁同坐。明月清风我。别乘一来,有唱应须和。还知么。自从添个。风月平分破。"上阕写苏东坡独身享受明月清风:闲着无事,倚靠着胡床,透过庾公楼的窗向外看,只见一座座山峰层层叠叠如千朵云彩。和谁坐在一起呢?明月、清风陪伴着我。下阕写苏东坡与好友袁公济分享清风明月:袁别驾一来,就有唱有和,你来我往。知道吗?清风明月本来由我独享,自从你的到来,我俩就平分风月了。

独自享受闲暇时光是一件很美好的事情,与志同道合的好友共度闲暇时光也是一件非常美好的事情。独享、分享都是美好的。

二、动

"动"主要包括游、猎、射、骑、太极、蹴鞠、登临、游弋、踏青、庙会、放鹰、养鸟、垂钓、戏球、踢毽、放风筝、舞剑、投壶、气功等。

"游"是"动"的主要组成部分。庄子的《逍遥游》，让人对太空充满遐想。孔子和学生曾皙等都喜欢春游，他们强调亲近和感知大自然："莫春者，春服既成，冠者五六人，童子六七人，浴乎沂，风乎舞雩，咏而归。"（《论语·先进》）暮春时分，风和日丽，穿着单衣，约上五六个成年人、六七个小孩子，在沂河里戏水，在祭天祷雨的舞雩台下吹着暖风，唱着歌吟着诗，尽兴而归。

在旅行的途中，屈原在忧国忧民的同时，不忘感受祖国大好河山的壮美，《九章·涉江》就表达了他登昆仑山的感慨。司马迁的《史记》是在游历全国、搜集了大量资料的基础上所著。柳宗元游历永州，成就了《永州八记》。《徐霞客游记》被誉为"古今游记之最"。唐代，"游"成了一种重要的闲暇活动。宋朝龚明之记载，"白乐天为郡时，尝携容、满、蝉、态等十妓，夜游西武丘寺，尝赋纪游诗，其末云：'领郡时将久，游山数几何？一年十二度，非少亦非多。'可见当时郡政多暇，而吏议甚宽。"（《中吴纪闻》）白居易担任苏州刺史的时候，就曾带领容、满、蝉、态等十几位歌妓夜游苏州虎丘的西武丘寺，并且写了游记诗《夜游西武丘寺八韵》，结尾是这样说的："我任地方官很久，游山玩水多少回？一年总计十二次，既不少来也不多。"由此可见，当时负责地方行政事务的官吏很空闲，人们对官吏的要求也很宽容。

《易传·系辞上》说："易有太极，始生两仪，两仪生四象，四象生八卦。"易有太极，太极就是一，太极生两仪，即"阴、阳"。两仪生四象，即"太阳、太阴、少阳、少阴"。四象生八卦，即"乾卦、坤卦、震卦、巽卦、坎卦、离卦、艮卦、兑卦"。"太极"这一概念既影响了儒学、道教等，又衍生了太极拳、太极剑，并成为民众强身健体的闲暇活动项目，至今广为流传。

早在汉代，中国民间已经注意到驯化飞禽的娱乐功能。明清时期，统治者追求"声色犬马"，"玩鸟儿"是清代八旗弟子中的一种时尚，旗人入主中原后，不遛马了，改遛鸟。有些老百姓也酷爱斗鸡、戏虫、养鹦鹉、斗鹌鹑等。清朝潘荣陛记载："膏粱子弟好斗鹌鹑，千金角胜。夏日则贮以雕笼，冬日则盛以锦橐，饲以玉粟,捧以纤手,夜以继日,毫不知倦。"(《帝京岁时纪胜》)富裕人家过着奢侈生活的子弟喜欢斗鹌鹑赌博,赌注动则千金。夏天鹌鹑被装在雕刻的笼子里,冬天则被放在绸缎的袋子中。用精细的粟米喂养它,让女子用纤纤的细手捧着它。夜以继日,毫不知倦。蒲松龄的《促织》中关于斗蟋蟀场景的描绘更是跃然纸上。

蹴鞠,类似现在的足球。汉朝刘向说:"蹴鞠者,传言黄帝所作,或曰起于战国之时。"(《别录》)蹴鞠,传说是黄帝发明的。也有人说,它起源于战国时代。宋代,蹴鞠运动得到了更进一步的发展,而且得到了统治者的宠爱。宋太祖赵匡胤、宋太宗赵光义等均以善鞠闻名。高俅就是因为善玩蹴鞠,而被赵佶赏识,后来,赵佶机缘巧合做了皇帝,高俅居然"鸡犬升天",官拜太尉。

元朝以后秋千逐渐盛于全国,宋代高承转载隋炀帝编《古今艺术图》说:"北方戎狄,爱习轻趫之能,每至寒食为之。后中国女子学之,乃以彩绳悬树立架,谓之秋千。"(《事物纪原》)北方的戎狄,喜欢玩一种轻巧敏捷的游戏,每到寒食节都要一起玩耍。后来,中原的女子学会了,用彩绳悬挂在树上或者安装在架子上,叫作"秋千"。

风筝,相传为鲁班发明。汉代发明了造纸术,人们开始用纸制风筝,时称"纸鸢"。从隋唐开始,风筝成为人们喜爱的娱乐工具,放风筝也成了一项大众喜闻乐见的闲暇活动。

相扑,始于晋代,唐朝盛极朝野,且多在军中进行。宋代,相扑则在民间盛行,并更名为"摔跤"。清代,该项活动被推向一个新的高峰。

元宵节有张灯结彩的习俗。晚明刘侗记载:"张灯之始也,汉祀太乙,自昏至明。"(《帝京景物略》)张灯的习俗始于汉代,为了祭祀北极星,点灯从晚上直到天明。唐代开始设元宵灯节。宋代,灯节活动已有礼花灯火表演。元宵灯节,官员放假,各地皆"通宵不禁",给未婚男女提供了相识机会。因此,元宵节也被称为中国的"情人节"。

古人喜欢在元宵节"约会"。元宵节热热闹闹,平常不太出门的女子都出来了,正是一个约会的好日子。辛弃疾的《青玉案·元夕》描写的就是元宵节灯会,在熙熙攘攘的人群中寻找心上人:"众里寻他千百度,蓦然回首,那人却在,灯火阑珊处。"我在人群中百遍千遍地寻找她,不经意间偶然回头,却看见我心心念念的那个人,正站在灯火零落之处。

欧阳修的《生查子·元夕》,被认为是欧阳修怀念他的第二任妻子杨氏夫人所作,也有人说是宋代女诗人朱淑真所作。"去年元夜时,花市灯如昼。月上柳梢头,人约黄昏后。"去年元宵那个美丽的夜晚,集市花灯缤纷像白天一样。圆圆的月亮挂在了柳树梢上,我俩相约黄昏之后互诉衷肠。人们常常忽视了这首词的下半部分:"今年元夜时,月与灯依旧。不见去年人,泪湿春衫袖。"又到元宵节,相同的地方,月光灯光与去年一样。昔日的情人已不见了,成串的眼泪湿透春装。一声叹息!这是一个令人伤感的故事。

踏青,在汉代已成为风俗,在唐代成为一项流行的娱乐活动。宋代,踏青与观赏杂技、杂耍结合。明清时期,"清明踏青"在全国流行,祭拜祖先和春游活动的结合,为这项活动增添了文化内涵。

宋元以后,随着商业的繁荣、城市的扩展,闲暇活动随之增多。据《东京梦华录》记载,汴京的文娱活动中心和娱乐场所是勾栏瓦肆。瓦肆,是城市中一种游乐、商业集散场所,可以没有建筑物,只是一块空地而已。"瓦"这个词用得很形象,形容聚得快、散得快,比如,"瓦解"。勾栏,是指城市固定的娱乐场所,能遮风挡雨的建筑物,相当于现在的戏院、音乐厅等。勾栏可以建于瓦肆的空地之上,或者,在勾栏的四周,瓦肆一圈圈向外扩展。在瓦肆勾栏中,各种活动丰富多彩,民众参与度非常高,闲暇产业的最初形态形成,这是城市经济繁荣的象征。

以上这些闲暇消费活动以"动"为主要特征,以"消费"为基本形态,闲暇消费活动这个"有闲""花钱"的"阳春白雪"开始"飞入寻常百姓家"。

三、饮

"饮"主要包括"饮茶"和"饮酒"。

茶和酒在闲暇活动中常常同时出现。白居易一生中既爱喝酒又喜饮茶,在白居易的诗中,茶和酒就像孪生姐妹一样,时常出现在同一首诗中:"闲停茶碗从容语,醉把花枝取次吟。"(《病假中庞少尹携鱼酒相过》)闲暇时光,我们从从容容品茶聊天。喝个小酒,微醺了,就摘下花枝,挨个吟诗。"春风小槛三升酒,寒食深炉一碗茶。"(《自题新昌居止因招杨郎中小饮》)春光明媚,和风徐徐,邀请好友来喝几杯酒。虽然寒食节禁火,在炉中深处仍然煨有温茶一起品尝。饮茶品酒,充满情趣。

茶和酒具有不同的特点,白居易说:"驱愁知酒力,破睡见茶功。"(《赠东邻王十三》)要驱赶惆怅就知道酒的作用,想提神醒脑就发现茶的功效。英国一位作家曾说,文艺女神都带有酒的味道,而茶只能产生散文,这与中国的"酒壮英雄胆,茶饮学士文"之说有异曲同工之处。

中国传统文化中,道家重酒,佛家重茶。唐代王敷的《茶酒论》一文,深刻描绘了个中的微妙。该文采用对话体形式,描写茶酒争功,各言其长。茶始自夸:"百草之首,万木之花,贵之取蕊,重之摘芽,呼之茗草,号之作茶。贡五侯宅,奉帝王家。时新献入,一世荣华。自然尊贵,何用论夸?"我在百草当中排第一,是万木的精华。我如此的贵重,取自花蕊,摘自嫩芽。我名叫草,号为茶。我被进贡到五侯的住宅,供奉在帝王的家中,按时令采摘,趁新鲜献上,获得一世荣华。我是自然尊贵,还有什么必要谈论、夸耀?酒则自诩:"单醪投河,三军告醉。君王饮之,赐卿无畏,群臣饮之,呼叫万岁。和死定生,神明歆气。酒食向人,终无恶意,有酒有令,礼智仁义。自合称尊,何劳比类!"把一缸酒倒在河里,三军将士喝了以后都心中陶醉。君王饮了我,都叫喊万岁,群臣饮了我,会胆量大增。面对生死,气定神闲。酒食对人本无坏处,喝酒行酒令,讲仁义礼智,我是当然的尊贵,还需要和你比?正当茶酒争得不可开交,甚至相互攻击之时,水出来调解:"茶不得水,作何相貌?酒不得水,作甚形容?米曲干吃,损人肠胃,茶片干吃,砺破喉咙。"茶如果没有水,会是什么样子?酒如果没有水,将是什么状态?要是干吃米曲,肠胃就会损坏,要是干吃茶叶,只会划破喉咙。这个段子颇似御前佛道二教论衡:水是皇帝的化身,茶是佛教的化身,酒则是道教的化身。皇帝提出论题并仲裁胜负,佛教和道教的任务是就皇帝所提出的论题进行答辩。[①]

茶既是一种软饮料,也是生活必需品,"清晨开门七件事,柴米油盐酱醋茶"。当然,作为生活必需品的"茶"和"琴棋书画诗酒茶"的"茶",意义是不同的,前者叫作"喝茶",后者叫作"品茶",后者才是文人雅士关注的闲暇消费品。后者在喝法上很有讲究。比如,红楼梦中出家人妙玉说:"一杯为品,二杯即是解渴的蠢物,三杯便是饮牛饮骡了。"[②]

茶可以解各种各样的毒:"神农尝百草,日遇七十二毒,得茶而解之。"(《神农本草经》)神农尝遍百草,了解各种草的特征,每天都要遭遇七十二种毒,都可以用茶来解毒。茶还有药效:"茶味苦,饮之使人益思、少卧、轻身、明目。"(《神农本草经》)茶的味道略有一点苦,喝了以后让人思维敏捷、不会犯困、全身轻松、眼睛明亮。明代医药学家李时珍对茶的评价颇高:"茶苦而寒,阴中之阴,沉也,降也,最能降火。火为百病,火降则上清矣。……温饮则火因寒气而下降,热饮则借火气而升散,又兼解酒食之毒。"(《本草纲目》)茶味道略苦,偏寒,阴中有阴,不断沉降,最能降火。火会产生百病,降火以后,上面就清凉了。饮温茶,火气会因寒气而下降;饮热茶,火气会因热而升消散。于是,茶又兼有解酒的功能。唐朝陈藏器编著的《本草拾遗》中说:"茶久食令人瘦,去人脂。"长时间喝茶会让人瘦身,消除脂肪。

古代留下了许多有关茶的精彩论著。唐代茶圣陆羽的《茶经》是世界上第一部有关"茶学"的专著,在茶学和茶业方面,陆羽对中国和世界文化做出了伟大贡献,一直为世人所认可。明代朱权所著《茶谱》认为茶事是雅人之事,用以修身养性,他描绘了饮茶的最高境界:"或会于泉石之间,或处于松竹之下,或对皓月清风,或坐明窗静牖,乃与客清谈款语,探玄虚而参造化,清心神而出尘表。"或者相会在清泉岩石之间,或者伫立在青松修竹之下,或者面对明月清风,或者坐在明静窗前,与客人亲切交谈哲理,探讨道家的玄虚,参悟佛家的福分,让自己心神清

---

① 王昆吾. 从敦煌学到域外汉文学[M]. 北京:商务印书馆,2003:28.
② 曹雪芹,高鹗. 红楼梦[M]. 上海:上海古籍出版社,1988:656-657.

新、出尘脱俗。宋徽宗赵佶不仅擅长书法,而且精通茶学,他的《大观茶论》反映了北宋茶业的发达程度和制茶技术的发展状况,也为后人研究宋代茶道留下了珍贵的文献资料。

人们常说,茶禅合一。禅即静心,静虑即宁静中的思想、思想中的宁静。因为茶和静心紧密相连,所以,茶在中国古代闲暇活动中的地位很重要。

中国的酒文化博大精深。文学作品中有很多关于饮酒的描述,酒也充当了重要的道具。许多历史人物酷爱饮酒,如张飞嗜酒如命、李逵喝酒误事、牛皋在藕塘醉酒杀死番将等。当然,酒也有消极的作用,因此,中国人对酒爱恨交加。卫武公列举了周平王的六条罪状,其中一条就是:"荒湛于酒。"(《诗经·大雅·抑》)沉湎于酒,荒废政务。

其实,酒只不过是闲暇活动中一个重要的道具,是人们心情的一种表现,是人们精神的一种寄托。魏晋时期的"竹林七贤",有一个共同的爱好就是喝酒。而且,有的很能喝,比如,山涛八斗方醉。阮籍大醉六十日不醒。嵇康醉酒后的姿势:"其醉也,傀俄若玉山之将崩。"(《世说新语·容止》)他醉了以后,就像玉山东倒西歪,马上就要崩塌了。刘伶则通过嗜酒如命来表达其愤世嫉俗的个性,而且,在动荡的年代,他也用"酒"这个保护色让自己超然物外:"唯酒是务,焉知其余。"(《酒德颂》)他把喝酒当作第一要务,其他的事情一概不管。刘伶以天为幕帐,以地为草席,自由自在,随意而为:"幕天席地,纵意所如。"(《酒德颂》)他总是喝了酒就光着身子在家里躺着,一次,朋友来访,他仍然我行我素。朋友批评他,他说,我以天为屋,以屋为服,你怎么钻到我裤裆里来了?

当然,酒喝多了不好,会伤身体。我更喜欢宋朝哲学家邵雍喝酒的方式:"美酒饮教微醉后,好花看到半开时。"(《安乐窝》)美酒微醉,好花半开,这种中庸式闲暇消费颇具韵味。

曹操很早就发现了酒是闲暇之余可以忘忧的重要物品:"何以解忧,唯有杜康。"(《短歌行》)什么可解忧愁?唯有杜康好酒。

陶渊明也经常用酒来表达他恬淡的人生态度:"秋菊有佳色,裛露掇其英。

泛此忘忧物,远我遗世情。"(《饮酒·其七》)秋天的菊花色彩非常美,我把还粘着朝露的菊花轻轻摘下,撒在忘忧之物(美酒)上面慢慢品味,以疏解我避世隐居的情怀。

李白饮酒的故事流传千古,杜甫对此曾描述道:"李白一斗诗百篇,长安市上酒家眠,天子呼来不上船,自称臣是酒中仙。"(《饮中八仙歌》)李白喝一斗酒,写百首诗,喝醉了就睡在长安市面上的酒家里,皇帝要召见他,他都不肯上船,还喃喃自语说自己是酒中仙。李白既有《将进酒》中的豪迈:"君不见黄河之水天上来,奔流到海不复回""人生得意须尽欢,莫使金樽空对月"(你看,滔滔的黄河之水,就像从天上倾泻下来,奔腾流淌,直到大海,一去不返。人生在得意的时候就要尽情欢乐,不要让金色的酒杯空空如也,对着明月);又有《月下独酌》中的孤独:"花间一壶酒,独酌无相亲。举杯邀明月,对影成三人"(我在花丛中摆上一壶美酒,孤独自饮,没有亲朋好友相伴。举杯向着天空,邀请明月加入,于是,明月、我,还有我的影子,三人相聚成欢)。所有这些都通过一个重要的媒介——"酒"——表达出来。

闲暇之余,白居易邀好友雪天小饮御寒,促膝夜话:"绿蚁新醅酒,红泥小火炉。晚来天欲雪,能饮一杯无?"(《问刘十九》)我家新酿了米酒,上面还泛着绿泡,红泥烧制的小火炉,温着酒壶,香气飘逸。天色已晚,要下雪了,能否留下来,小饮一杯呢?语言平淡,情趣盎然,细细品味,令人心醉。

欧阳修酒量差,"饮少辄醉",稍微喝一点就醉。他说:"醉翁之意不在酒,在乎山水之间也。山水之乐,得之心而寓之酒也。"(《醉翁亭记》)醉翁(我)的情趣不是喝酒,而是喜欢在山水之间游玩,山水带给了我无限的快乐,我是通过喝酒这个形式,来获取热爱山水那种愉悦的心情。

苏轼在《水调歌头·明月几时有》中,通过"月""酒""天"表达了他对生活的美好祝愿和无限热爱:"明月几时有,把酒问青天。"画面感极强,还带画外音。我举着酒杯询问青天:什么时候会明月当空呢?词的结尾升华到探索人生幸福与不幸的哲理高度,表达苏轼乐观旷达的人生态度。

李清照用酒记录了她从"悠闲"到"忧伤"的人生历程。"常记溪亭日暮,沉醉不知归路。"(《如梦令·常记溪亭日暮》)时常回忆起那次在溪亭,一直饮酒直到黄昏,喝得大醉找不到回家的路。此句描绘了她的悠闲。"昨夜雨疏风骤,浓睡不消残酒。"(《如梦令·昨夜雨疏风骤》)昨天晚上,雨点稀疏,风声急骤。喝得太多,睡得很沉,还没醒酒。此句体现了她的闲适。"三杯两盏淡酒,怎敌他,晚来风急。"(《声声慢·寻寻觅觅》)喝几杯淡酒,怎能抵挡得了晚上急促的寒风,以及我凄戚的心情。此句刻画了她的忧伤。

四、色

"色",客观存在却又令人难于启齿。不过历史上也有不少哲人直面过这个话题。孔子曾无可奈何地叹息道:"已矣乎!吾未见好德如好色者也。"(《论语·卫灵公》)唉!我从来没有看到一个人像好色一样喜欢美德。袁宏道认为,好色之心是人性本然,如果否定,便是自欺欺人:"若果有不好色之人,尼父亦不必借之以明不欺矣。"(《兰亭记》)如果真有不好色的人,孔子也不会借此说明无需欺骗了。袁宏道讲的就是这个典故。

春秋时期,齐国名相管仲设"女闾",即妓院。清朝褚人获在《坚瓠集》中记载:"管子治齐,置女闾七百,征其夜合之资,以充国用,此即教坊花粉钱之始也。"管仲治理齐国的时候,招聘官妓七百多名,征收她们的"营业税",用于国家的财政支出。这就是妓院合法经营、依法纳税的开始。明码标价,堂堂正正地收税,首开官办妓院之先河。

唐代是一个开放的年代,唐人的传奇小说中,关于爱情的描写尤为传神。唐代诗人元稹不仅诗写得好,而且创作了一部传奇小说《莺莺传》,对后世影响很大。元代王实甫的《西厢记》就是根据《莺莺传》改编而成。《莺莺传》描绘了贫寒书生张生与没落贵族女子崔莺莺的爱情故事。张生和莺莺偷偷约会,文中关于张生等待的场景和心情的描写语言精炼、形象生动:"待月西厢下,迎风户半开。拂墙花影动,疑是玉人来。"在西面的厢房下面等待很久,月亮都悄悄地爬上来了。迎着徐徐凉风，门扉半掩半开。月光下的花枝在风中摇曳，拂动着墙壁。一次又一次，误以为是心上人来了。《西厢记》的书名取自"待月西厢下"。

宋朝，皇帝居然半公开地逛妓院。据《李师师外传》（鲁迅校录《唐宋传奇集》）记载，宋徽宗四次"拜见"李师师，却"未见师师出侍""师师终未一见"。第五次，他终于"预约"成功，但李师师姗姗而来，"见帝意似不屑，貌殊人居，不为礼"。看见皇帝似乎有点不屑的意味，有着居高临下的状态，并不施礼。其他人感到非常诧异，问她为何如此对待皇帝，她回答："彼贾如耳，我何为者？"别人对他卑躬屈膝，是因为有所求，我无欲无求，为什么要小心翼翼呢？李师师运用了现代的营销手段：(1)分析顾客的消费心理；(2)运用欲擒故纵的营销手段；(3)尊重客户，不分贵贱，秉持了人人平等的商业精神。因此，宋徽宗这个"客户"被李师师牢牢抓住，她成了他的红颜知己。后来，宋徽宗还与她商议国家大事。《水浒传》描述，宋徽宗想招安梁山泊的英雄好汉们，派高俅等朝廷命官去磋商，几次都被打出来。多亏浪子燕青的引荐，李师师见了宋江，周旋其中，并把宋江的真正意图告诉了宋徽宗，最后才把招安之事搞定。

苏东坡曾两次担任杭州的地方官，虽然都是因为官场失意，但是他心态很好，过得很惬意。他与唐代的白居易有许多共同点，白居易在西湖修了一条"白堤"，他也在西湖修了一条"苏堤"。而且，在闲暇消费方式上，他也常常仿效白居易。闲暇时，他就约上几位朋友，游览西湖等地。早晨，他们在山水最佳处就餐，然后乘船共同游玩。午饭后，以敲锣为号，一众人又聚集在一起，登上望湖楼、竹阁等处，直到深夜，才举着烛火回城。这时，夜市将散，人们夹道看热闹，只见艺妓们身着华服、坐着宝马、踩着月光，芬芳馥郁，光彩照人，犹如仙女下凡。

宋代李献民的传奇小说《西蜀异遇》，记述书生李达道与才狐宋媛的一段情缘。李达道明知宋媛为狐妖，却"爱其才而复思其色"——深爱她的才华并且思念她的美色。李达道有一段精辟的论述："人之所悦者，不过色也。"人们所喜欢的，不过是美色而已。该小说传达的中心思想就是：悦色之心，势不可挡。灌口神和孔昌宗的阻碍失败，则象征着空洞的理性教育与人类自然流露的本性交锋之下的失败。

明清的上流社会畜妓风气盛行。当然，文学作品以及主流意识形态更多的是对其的批判，例如，冯梦龙《警世通言》中的名篇《杜十娘怒沉百宝箱》。杜十娘是一位名妓，她不甘心成为纨绔子弟寻欢作乐的玩物，希望能得到真诚的爱情，为此，她不惜一切。令人痛心的是，她所托非人，最后，她不仅失去了一切，还牺牲了生命。该作品塑造了一个善良的灵魂，描绘了其合理的、美好的人生追求。对于这个善良的灵魂和美好追求的毁灭，作者表达出了痛惜和悲愤。

清代袁枚在《所好轩记》中公开宣称自己"好色"。关于"色"的解说和论断见于其著作《随园轶事》，让人感触良多。对于怜香惜玉，他的理解是："惜玉怜香而不动心者，圣也；惜玉怜香而心动者，人也；不知玉不知香者，禽兽也。人非圣人，安有见色而不动心者？其所以知惜玉而怜香者，人之异于禽兽也。"一个人在怜香惜玉的同时却不动心，那是圣人；一个人在怜香惜玉的同时也动心，那是普通人；既不会怜香，也不会惜玉的，那是禽兽。普通人不是圣人，怎么会有见到美色而不动心的？人之所以会怜香惜玉，这是区别于禽兽的重要之处。对于道貌岸然的理学者，作者也给予了无情的鞭挞："世之讲理学者，动以好色为戒。则讲理学者，岂即能为圣人耶？伪饰而作欺人语，殆自媲于禽兽耳！"世上那些讲理学的人，动不动就以好色为警戒。那些讲理学的人真的能够成为圣人吗？伪装自己说一些自欺欺人的大话，这是将自己与禽兽相比。他还从人性的角度剖析柳下惠坐怀不乱的心理活动，柳下惠当时并不是没有欲望，而是因为理智战胜了欲望："世无柳下惠，谁是坐怀不乱？然柳下惠但曰不乱也，非曰不好也！男女相悦，大欲所存。天地生物之心，本来如是。"世上没有柳下惠，谁还会坐怀不乱？其实，柳下惠只是说见到美女不乱，并没有说不喜欢美女。男女之间，两情相悦，这种欲望是正常存在的。天地生物的本能，是本来就存在的。他还极力反对将人品与好色联系在一起，认为不必忌讳谈论好色："卢杞家无姬媵，卒为小人；谢安挟妓东山，卒为君子。好色不关人品，何必故自讳言哉？"卢杞家中没有侍妾，他仍然是小人。谢安带着艺妓们在东山快活，他仍然是君子。因此，好色与人品无关,何必故意回避这个话题呢?

　　在杜牧的诗句中,南京秦淮河"纸醉金迷"。他的诗句看似斥责歌妓,真正鞭挞的是那些醉生梦死、不问国事、"不知亡国恨"的享乐者:"烟笼寒水月笼沙,夜泊秦淮近酒家。商女不知亡国恨,隔江犹唱后庭花。"(《泊秦淮》)薄雾如烟笼罩寒冷的水面,月色迷离轻拥河岸的白沙。船停在夜晚的秦淮河,不远处岸边有一酒家。歌女不知道什么是亡国之恨,隔着江水竟然高唱《玉树后庭花》。

　　"秦淮八艳"是指明末清初南京秦淮河畔的八位才艺名妓,她们留下了凄婉的爱情故事。朱自清说:"秦淮河上原有一种歌妓,是以歌为业的。从前都在茶舫上,唱些大曲之类。每日午后一时起,什么时候止,却忘记了。晚上照样也有一回,也在黄晕的灯光里。"(《桨声灯影里的秦淮河》)朱自清当时想听歌妓唱歌,却又碍于道德的束缚,既想超越现实,但又不能脱离现实,他把这种矛盾的心情剖析得淋漓尽致。这也是中国历代文人对于"色"文化的矛盾心态之真实写照。

　　对于这一现象,叶兆言在他的《老南京·旧影秦淮》中有过阐述:繁荣"娼盛"是一个令人尴尬的现象,是一个令人哭笑不得的场景。然而,这个现象古今中外都存在。罗素在《婚姻革命》中认为:"社会上另立了一些女人,满足男人的需要,对于这种情形,社会羞于承认,但又不敢使人们得不到满足。"西方一位神学家托马斯·阿奎那打了一个很形象的比方,他把妓院比作皇宫的下水道,没有下水道,整个宫殿将污水横流,当然,下水道是要盖起来的,否则会臭气熏天。

　　以上对中国古代闲暇思想与闲暇行为的分析,说明古今静思修心的差异。古代,物质生活极度贫乏、社会动荡、危机四伏、战火连连、民不聊生,人们畏避灾祸,或对生活极度失望与不满,转而追求清静无为、自然自由的生存状态。当今,物质财富高度发达,生存问题已经解决,人们更多地思考生活的意义、生活的本源。于是,西方闲暇消费理论很快传入了中国,并引起了人们强烈的兴趣。

第四章

"新时间四分法"及其在闲暇消费研究中的应用

美国学者戈比说过,现代社会中,很多人感到自己"极度饥渴",这不是对物质的饥渴,而是对时间的饥渴①。当人类的生产力水平和生活水平发展到一定阶段,用有限生命去追逐无限财富的行为时其边际效益就会加速递减。时间的稀缺性越来越受到现代人的关注,"人生苦短"的古训被赋予了新的含义,对于时间的关注及研究日益受到人们的重视。闲暇时间理论的深度研究成为闲暇经济学的前沿课题,时间分类研究是闲暇时间理论研究的重要内容,而闲暇时间的界定是各种时间分类研究讨论的焦点。

第一节 传统时间分类法

一、二分法

时间二分法将时间分成劳动时间和非劳动时间,它是时间分类研究中最早的一种分类方法。马克思是最早运用时间二分法的学者之一,劳动时间是《资本论》的基本分析维度,他对于剩余价值的分析,是在三对生活时间范畴的相互关系分析基础上展开的,其中的一对就是自由时间和工作时间。② 马克思的二分法深入揭示了资本主义社会的根本矛盾,是马克思剩余价值理论创立的基础,尤其在非劳动时间很少的工业化时代,这种划分很有价值。

经典的"工作—闲暇"模型采用的就是二分法,它将个人时间分为工作时间和闲暇时间。该模型最早由庇古和奈特建立。贝克尔在《时间分配理论》中认

---

① 戈比.你生命中的休闲[M].康筝,译.昆明:云南人民出版社,2000:215.
② 朱广荣,刘邦凡.论马克思的休闲经济思想[J].理论前沿,2008(8):27—29.

为，休闲包含消费，消费体现休闲，他把休闲和消费相联系，把休闲和家务劳动相结合，建立了休闲和市场工作之间的时间二分法分析模型。① 庇古和奈特的二分法模型，尤其是贝克尔的二分法模型，在时间理论研究中具有划时代的意义。

二分法的不足是划分方式太笼统，只分劳动时间和非劳动时间，对于深入研究非劳动时间给人们带来的影响存在一定的障碍，尤其是给更深层次的参数设定、模型设计、数理分析等带来很大的不便。

二、三分法

马克思、恩格斯在《德意志意识形态》中揭示了人类三种基本生存状态：生理生存状态、劳动生存状态和自由生存状态。三种基本生存状态的划分，为时间三分法奠定了理论基础。时间三分法是指根据人们对时间的需要层次，将时间分成生理时间、劳动时间和闲暇时间三个部分：生理时间，即维持生存的时间，如睡觉、吃饭、洗浴等时间；劳动时间，包括为社会所尽的义务时间，如工作时间、家务时间等；闲暇时间，即满足自我享受、放松、发展等的可自由支配时间。

格罗瑙和鲁本在《休闲、家务劳动和工作：时间分配理论再探讨》中，对贝克尔的时间设置理论进行了重大调整，把居家时间分为闲暇和家务劳动两类时间，他认为，这两类时间对社会经济条件变动的反应是不相同的。因此，他建立了闲暇、市场工作和家务劳动三类时间的时间三分法模型。② 格罗瑙和鲁本把生理时间纳入闲暇时间，把家务劳动时间从闲暇时间中分离出来，这有助于研究家务劳动的市场价值，也对家庭经济学做出了贡献。

魏翔和孙迪庆在《闲暇经济理论综述及最新进展》中提出，奥提格瓦的内生增长模型将闲暇时间作为经济变量加以讨论。他使用的是修正的时间三分法，将个人时间分为工作、闲暇和接受教育三个方面。个人时间是一个常数，其中任

---

① Becker G S. A Theory of the Allocation of Time[J]. *Economic Journal*, 1965, 75(299): 493−517.

② Gronau R. Leisure, Home Producture, and Work: The Theory of the Allocation of Time Revisited [J]. *Journal of Political Economy*, 1977, 85(6): 1099−1123.

何一项时间的增加将导致其他时间减少。①奥提格瓦把生理时间纳入了闲暇时间,把接受教育时间从闲暇时间中分离出来。奥提格瓦三分法突出了教育的重要性,他的研究发现,将时间用于接受教育能增加个人的人力资本积累,从而在未来得到一个较高的工资率,但同时也使闲暇的价值变得更为昂贵。

常用的时间三分法在二分法的基础上有了很大的改进,尤其是把闲暇时间从非劳动时间中分离出来,它是对时间分类的一个显著的贡献。这种分类方法在中国、日本等国的居民生活时间比较研究中运用较多。三分法的不足是把工作和家务这两种性质差异很大的时间类型归为一类,给时间研究分析尤其是回归研究等数理分析带来一些不便,甚至会得出一些让人困惑的结果。奥提格瓦三分法与格罗瑙和鲁本三分法都将生理时间纳入闲暇时间,但生理时间是人力资本再生产的必要环节,它不是自由选择的,而是一个常量,因此,将其纳入闲暇时间的范畴略显不妥。

三、四分法

目前理论界和实务界常用的四分法按活动的属性将个人的时间分为工作、生理、家务和闲暇四部分:工作时间,是指制度内实际工作(学习)时间、加班加点工作时间、非本职工作时间、上下班路途时间等;生理时间,是指睡眠、用餐、个人卫生、就诊等;家务时间,是指家庭采购、做饭、洗衣物、照料老人孩子等;闲暇时间,是指学习、阅读报刊、看电视、看表演、看展览、听广播、游园散步、体育锻炼、休息、教育子女、公益活动、探亲访友、其他娱乐时间等。②

四分法的一个进步是将生理时间、工作时间和家务时间分离出来,这有助于研究家庭再生产,分析家务劳动带来的社会效益和经济效益。因此,四分法在时间分析研究中运用得最为广泛。四分法的不足是没有关注教育时间在闲暇时间中的重要性,而且把工作时间的学习与闲暇时间的学习分离,把带来相同效果的

---

① 魏翔,孙迪庆.闲暇经济理论综述及最新进展[J].旅游学刊,2008(4):13—18.
② 李仲广.闲暇经济论[D].大连:东北财经大学,2005.

一种行为时间分解到两种不同性质的时间类别当中，容易给研究带来困扰。四分法把工作时间界定为制度内的工作时间，这种界定略显滞后。四分法仅仅考虑家务劳动时间，而没有考虑家庭和睦时间，这也是其不足之处，因为建立和谐社会必须先建立和谐家庭，建立和谐家庭就必须要有家庭和睦时间。

四、五分法

卿前龙在《休闲服务与休闲服务业发展》中介绍了苏联学者斯特鲁米林等的五分法：将时间分为吃饭睡觉、家务劳动、上下班通勤、购物和学习娱乐五个部分。卿前龙提出了"新五分法"，他将时间分为工作、学习、生活必需、家务劳动、闲暇五类。[①]

五分法，尤其是卿前龙的"新五分法"，关注学习时间的重要性，将学习时间和闲暇时间区分开，这是因为加强学习、提高素养在人们的日常生活中越来越重要，不断学习、终生学习越来越被人们所重视，学习已成为一种高品位的生活方式。五分法的不足是闲暇时间的定义太窄，给闲暇性质的解释和闲暇的分类带来困惑。

综上所述，以上时间分类法之间最大的差异就是对闲暇时间的界定。因此，闲暇时间的界定是时间分类的关键，而时间分类法又是闲暇时间理论研究的基础。

第二节　"新时间四分法"研究路径

一、"新时间四分法"的界定

"新时间四分法"在传统的四分法的基础上，结合二分法、三分法及五分法的

---

① 卿前龙.休闲服务与休闲服务业发展[M].北京：经济科学出版社，2007：39.

长处，将时间分为生存必需时间、社会义务时间、家庭义务时间和闲暇时间。闲暇时间又分为发展型闲暇时间、娱乐（放松）型闲暇时间、社交型闲暇时间。

生存必需时间，是指人们用于维持生命和延长生命所需要的时间，包括睡眠、吃饭、梳洗、排泄、看病、繁衍后代等。生存必需时间的一大特点是具有较强的刚性，如果过度挤压该类时间，将会对生命的存在和延续造成威胁。

社会义务时间，是指人们处于工作状态下的时间，以及上下班的在途时间等。社会义务时间与传统的八小时工作时间有很大的区别。例如，在现代社会中，由于很多单位都实行弹性工作制，因此无法用传统的"八小时"的时间概念来界定该类时间，而是以人们是否处于工作状态来界定。在许多城市，尤其是大城市，交通越来越拥挤，人们的上下班在途时间越来越长，这段时间虽在传统的"八小时"之外，但仍属于该类时间。

家庭义务时间，是指为家庭的健康存在而使用的时间，包括家务劳动（洗衣、做饭、购物、照顾老人小孩等）、家庭和睦（陪家人聊天、与家人一起参加各类活动、体贴爱人、孝顺父母、教育子女等）等时间。家务劳动时间有较强的替代性，可以用市场价格评估，可以购买。家庭和睦时间可替代性不强，不容易用市场价格评估，不可以购买，必须行为人亲自参与。

闲暇时间，是指除生存必需时间、社会义务时间、家庭义务时间之外的所有个人可支配时间。马克思认为，闲暇是指用于娱乐和休息的暇余时间、发展智力以在精神上掌握自由的时间。[①] 根据马克思的闲暇二分法，闲暇时间又可分为发展型闲暇时间和娱乐（放松）型闲暇时间，这种分类原则也是以行为人的状态和目的来确定。发展型闲暇时间，包括学习以及以学习为目的的阅读、看电视、听广播等时间。娱乐（放松）型闲暇时间，包括以娱乐为目的的旅游、看展览、听广播等时间，以及游园、散步、锻炼、购物等时间。此外，还有社交型闲暇时间等。人是社会性的生物，和他人交流是一个重大的需要。社交型闲暇时间是指和朋友吃饭聊天、探亲访友，以及以社交为目的的公益活动、其他娱乐等时间。

---

① 马克思，恩格斯. 马克思恩格斯全集：第26卷[M]. 北京：人民出版社，1980：287.

二、"闲暇时间边界移动性"理论及"闲暇时间延展"思想

"新时间四分法"与传统的时间四分法的重大区别就是"闲暇时间边界移动性"理论以及"闲暇时间延展"思想。

"新时间四分法"的立足点是"人",时间概念主要是指行为人的时间概念,人的状态和主观感受影响时间的划分,以及闲暇时间界限的确定。人的状态和主观感受的变化,导致闲暇时间、社会义务时间和家庭义务时间的界限移动,这就是"闲暇时间边界移动性"理论(见图4.1)。

生存必需时间 | 社会义务时间 ← → 闲暇时间 ← → 家庭义务时间

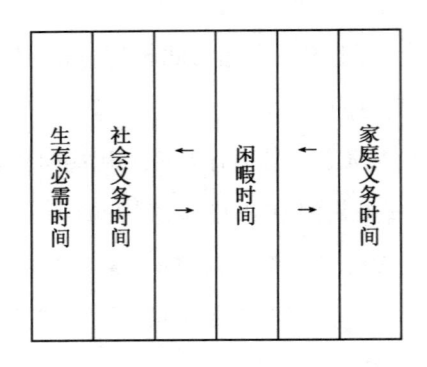

图 4.1 闲暇时间边界移动示意图

随着人们的生活水平不断提高,现代化工具的运用和普及,工作时间与闲暇时间的界限越来越模糊。工作中包含着休闲,休闲中包含着工作,而该边界的确定很大程度上取决于行为人的心情,以及他当时的状态和主观感受。如果行为人以休闲的心态工作,工作时间就变成了闲暇时间;如果他在闲暇时间还想着工作,还被工作压得喘不过气来,那么他的闲暇时间仍等同于工作时间。因此,社会义务时间与闲暇时间的边界可以相互移动。家庭义务时间与闲暇时间的边界也可以相互移动,如果行为人以一种愉悦的心情从事家务劳动,以一种快乐的心境陪家人聊天、与家人一起参加各类活动、教育子女,而不是把这些活动仅仅当作一种责任,更不是当作一种负担,那么,家庭义务时间就转变成闲暇时间;反之

亦然。如果家庭不和睦，行为人总是被家庭的烦心事缠绕，即使独自休闲，也达不到放松的目的，此时的闲暇时间仍然是家庭义务时间。

运用"闲暇时间边界移动性"理论分析得出"闲暇时间延展"思想：闲暇时间是可以延展的，而且其延展有两大途径，即物理延展和心理延展。物理延展，即缩短工作时间、延长闲暇时间。随着社会的进步，劳动生产力的提高，民众为了生存而付出的劳动时间减少，闲暇时间的物理延展是一个趋势。心理延展，即以休闲的心态工作、和家人相处，把一部分社会义务时间和家庭义务时间变成闲暇时间。法定工作时间的缩短不一定会导致闲暇时间的增加，闲暇时间的增加也不一定会导致休闲的增加，闲暇的心态是决定闲暇质量的关键。

人类的闲暇时间有两种使用方式：一是用作物质消费或服务消费，即闲暇消费，闲暇消费通常在物理延展的闲暇时间内完成；二是用作非物质消费或非服务消费，如人类的静思、读书、身心愉悦等活动，可以在心理延展的闲暇时间内完成。

三、"新时间四分法"理论溯源

"新时间四分法"的核心问题是研究闲暇时间。马克思对闲暇时间给予了高度重视："自由时间，可以支配的时间是财富本身。"马克思的理论说明，闲暇时间是劳动生产力发展水平的衡量尺度和标志，闲暇时间不断增多，是社会进步、国家文明的重要特征。[①] "时间就是金钱"是时间的货币价值被人们认知的体现。然而，生命又是有限的，用有限的生命去追逐无限的金钱是否值得，成为人们尤其是富裕起来的人们深深的困惑，正如经济学家林德的预言：时间稀缺给人们带来的心理压力，也许会成为未来社会最大的杀手。随着社会的发展和进步，生活水平的提高，人们越来越关注闲暇时间。笔者曾做了一个"长三角高管人员闲暇消费调查"，98%的被调查者认为"时间比金钱重要，如有可能，愿意用金钱购买

---

① 董瑞华.马克思的闲暇时间理论与休闲经济[J].当代经济研究,2002(1):60—64.

时间,尤其是闲暇时间"。因此,如何延展闲暇时间将会是一个越来越受人关注的课题。从本书前面的分析也可以看出,对于闲暇时间的理解和界定是各种时间分类研究的焦点问题,也是区分各种时间分类的关键,"新时间四分法"的理论创新也正是笔者对闲暇时间的思考和分析所致。

人类社会发展的初期阶段,劳动生产力水平低下,劳动和娱乐的界限比较模糊,由于休闲隐藏在劳动之中,因此在原始社会,劳动与休闲之间并没有绝对的界限。原始人类既体验到劳动的辛苦与欢乐,又享受着劳动的物化成果和闲暇时光,这是劳动与休闲原始的统一。

马惠娣对闲暇的评价:"以欣然之态,做心爱之事。"她说,"工作是我不得不做的事,闲暇是做我喜欢做的事"。[①] 笔者由此推断,如果从事的工作是自己喜欢做的事,工作不是就变成了闲暇吗?这是"闲暇时间边界移动"理论的缘起之一。

"闲暇时间边界移动"理论可以从中国传统文化中追根溯源。闲暇有两种:一种是物理闲暇,另一种是心理闲暇,在中国的传统文化中,也称之为"身闲"和"心闲"。明朝张萱在《西园闻见录》中对此有过精辟的论述:"闲有二,有心闲,有身闲。辞轩冕之荣,据林泉之安,此身闲也;脱略势利,超然物表,此心闲也。"而且,在中国的传统文化中,人们对"心闲"的渴求更甚于"身闲"。明代张萱的思想非常有代表性,"韩不如陶,陶又不如朱"。为什么"韩不如陶,陶又不如朱"?因为韩愈谈的是"身闲",陶渊明说的是"心闲",朱熹则告诉我们,该怎样"心闲",所以,一个比一个高明。

"闲暇时间延展"思想在中国的先贤们中也有实践的基础。晋朝郭象说:"身在庙堂之上,心无异于山林之中",这就是一种"闲暇时间延展"。正如苏状所述,东晋时期,先贤们创立了一种独特的"闲居"生活,它不像先秦时期那种退避于山野江湖之外的"小隐",而是追求立身于朝廷闹市之中的"大隐"。晋代王康琚的《反招隐诗》中,最早提及"小隐"和"大隐"的概念:"小隐隐陵薮,大隐隐朝市。"

[①] 于光远,马惠娣.于光远马惠娣十年对话[M].重庆:重庆大学出版社,2008:2.

"大隐"的一个重要的前提就是"心闲",正如宋朝程颢谈及:"心闲不为管弦乐,道胜岂因名利荣。""心闲"是"天理之闲"。① 因此,"心闲"可以突破时空的桎梏,达到一个新的境界。

由此可见,闲暇时间的物理延展和心理延展有其理论意义和实践基础。

四、"新时间四分法"研究的立意

立足于"人",倡导正确理念,提高生活质量,这是"新时间四分法"的重要立意。"新时间四分法"是根据时间的性质以及人们在该时间所处的一种状态划分时间。该划分法本着"以人为本"的思想,关注人的主观感受,立足点在"人"。时间理论是时间和人结合的理论,"没有人的时间"与"没有时间的人"一样,都不是时间理论研究的对象,只有立足于人,才能研究"物理闲暇"和"心理闲暇",才能谈论"身闲"和"心闲"。当事人所处的时间性质主要取决于当事人的状态。这种理论研究有助于倡导人们热爱生活、热爱工作,把工作当作一种休闲,有助于人们树立正确的人生观和世界观,以提高生活质量,创建和谐社会。

把学习纳入闲暇,倡导发展型闲暇时间的运用,这是"新时间四分法"的研究目的。"新时间四分法"把学习时间纳入闲暇时间,非常重要的原因和出发点就是倡导快乐学习,把学习作为一种休闲,完成从"要我学"向"我要学"的转换,在学习中感受乐趣,在闲暇中提高自我、发展自我,从而为社会的发展和进步做出贡献,形成一个良性循环。"新时间四分法"将闲暇时间划分为发展型闲暇时间和放松型闲暇时间,就是要突出学习的重要性,因为发展型闲暇时间对于人力资本的提高和社会的进步有很重要的意义,它是一种具有很强的正外部性的消费。如果再伴之以快乐学习,发展型闲暇时间就会得到延展,其意义就会更加重大,影响也会更加深远。

"闲暇时间边界移动性"理论研究的一个重要目的是倡导建造和谐心灵,它

---

① 苏状."闲"与中国古代文人的审美人生[D].上海:复旦大学,2008.

是由"新时间四分法"引发出来的一个理论创新。"闲暇时间边界移动性"拓宽了闲暇时间理论研究的领域,尤其是闲暇时间物理延展和心理延展思想的产生,使该理论既有理论意义又有实践意义。要建立和谐社会,首先要建造和谐家庭;要建立和谐家庭,首先要建造和谐心灵,而和谐心灵的建造是在闲暇时间中精雕细琢而成。从闲暇发展史可以看出,"身闲"先于"心闲","心闲"重于"身闲",人生的最佳境界是"心身俱闲",只有这样,才能真正地进入"采菊东篱下,悠然见南山"的和谐境界。

五、"新时间四分法"在居民时间分配中的运用

王雅林、王琪延、靳晓婷、车路光、刘耳、徐利亚等学者曾调查北京、上海、天津、哈尔滨等城市居民平均每天的时间分配情况。本书将"新时间四分法"运用于这些实证研究中,有助于探寻四类时间的最佳配比(详见表4.1、表4.2、表4.3)。

表 4.1　　　　　　　北京居民平均每天的时间分配情况表

	时长(小时)	占全部时间比重(%)
生存必需时间(第一时间)	11.2	46.7
社会义务时间(第二时间)	5.0	20.8
闲暇时间(第三时间)	5.7	23.7
家庭义务时间(第四时间)	2.1	8.8
总　　计	24	100

资料来源:王琪延.休闲经济[M].北京:中国人民大学出版社,2005:9—10。

表 4.2　　　　上海、天津、哈尔滨三城市居民平均每天的时间分配表

	时长(小时)	占全部时间比重(%)
生存必需时间(第一时间)	10.7	44.6
社会义务时间(第二时间)	4.4	18.3
闲暇时间(第三时间)	5.6	23.3
家庭义务时间(第四时间)	3.3	13.8
总　　计	24	100

资料来源:王雅林,刘耳,徐利亚.城市休闲[M].北京:社会科学文献出版社,2003:43—45。

表 4.3　　　　　　哈尔滨在业群体和非在业群体时间分配状况表

	在业群体(分钟/天)	非在业群体(分钟/天)
生存必需时间(第一时间)	613	675
占全部时间的比重	42.6%	46.9%
社会义务时间(第二时间)	369	0
占全部时间的比重	25.6%	0%
闲暇时间(第三时间)	206	307
占全部时间的比重	14.3%	21.3%
家庭义务时间(第四时间)	252	458
占全部时间的比重	17.5%	31.8%
总　　计	1 440	1 440
占全部时间的比重	100%	100%

资料来源:王雅林,车路光.非在业群体闲暇生活质量考察[J].哈尔滨工业大学学报(社会科学版),2002(3):89—98.

从以上的分析可以看出,北京、上海、天津、哈尔滨等城市居民平均每天的第一时间、第二时间、第三时间、第四时间分配比大致为:45%∶20%∶20%∶15%。而且,闲暇时间时长有超过社会义务时间时长的趋势,这也是休闲消费时代到来的一种标志性现象。

海恩斯(Haynes)的研究表明,美国人一生中第一时间、第二时间、第三时间、第四时间分配比大致为:43%∶19%∶27%∶11%(见表 4.4)。该研究结果对我们关于闲暇时间的研究很有借鉴作用。

表 4.4　　　　　　人生时间分布表(以 72 岁为平均寿命年龄)

	时间(年)	占全部时间比重(%)
生存必需时间(第一时间)	31	43.0
社会义务时间(第二时间)	13.5	18.8
闲暇时间(第三时间)	19.5	27.1
家庭义务时间(第四时间)	8	11.1
总　　计	72	100

资料来源:海恩斯.个人时间管理[M].陶婷芳,译.3 版.上海:上海财经大学出版社 2002:19.

靳晓婷的《从时间行为角度看居民的假日经济行为》研究成果表明:1986—1996年,北京居民平均每天的时间分配的结构发生了变化,生存必需时间增加了50分钟、社会义务时间减少了77分钟、闲暇时间增加了64分钟、家庭义务时间减少了37分钟(见表4.5)。[①]

表4.5　　　　1986—1996年北京居民平均每天的时间分配变化表

	1986年		1996年		10年的变化	
	用时（分钟）	占比（%）	用时（分钟）	占比（%）	增减（分钟）	变动比（%）
生存必需时间(第一时间)	586	40.7	636	44.2	+50	3.5
社会义务时间(第二时间)	467	32.4	390	27.1	－77	－5.3
闲暇时间(第三时间)	239	16.6	303	21.0	+64	4.4
家庭义务时间(第四时间)	148	10.3	111	7.7	－37	－2.6
总　计	1 440	100	1 440	100	0	0

资料来源:根据靳晓婷《从时间行为角度看居民的假日经济行为》研究成果整理而成。1986年的数据来源于北京市统计局编《社会统计资料》,1996年的数据来源于《生活时间分配调查资料汇编》。

笔者结合对"长三角高管人员闲暇消费"的有关访谈和调查问卷,研究长三角高管人员期望的四类时间的最佳配比,得出以下结果:生存必需时间(第一时间 T1)、社会义务时间(第二时间 T2)、闲暇时间(第三时间 T3)、家庭义务时间(第四时间 T4)的最佳配比约为:

$$T1:T2:T3:T4=33\%:21\%:33\%:13\%$$
$$=8\text{小时}/\text{天}:5\text{小时}/\text{天}:8\text{小时}/\text{天}:3\text{小时}/\text{天}$$
$$=56\text{小时}/\text{周}:35\text{小时}/\text{周}:56\text{小时}/\text{周}:21\text{小时}/\text{周}$$

生存必需时间具有刚性,不能被太多的挤压甚至调整,其他时间可以做适当的调整,如挤压和扩展,但总体而言,它们之间的配比应该是均衡的。

---

① 靳晓婷.从时间行为角度看居民的假日经济行为[J].经济问题,2003(6):24—26.

第三节 "新时间四分法"在闲暇经济理论中的应用

"新时间四分法"为闲暇经济理论开辟了新的领域,提供了新的研究方法。本书简要介绍"时空二维图""钱闲二维图"以及闲暇消费效应最大化。

一、"时空二维图"

"新时间四分法"将时间这个重要的参数清晰地展示在研究者的面前,如果与别的参数有机结合,可以拓展研究领域。如时间参数与空间参数结合,形成"时空二维图"(见图 4.2),据此,还可以得出各种数学模型。

空间				
第一空间 (休闲地S1)	1	4	7	10
第二空间 (工作地S2)	2	5	8	11
第三空间 (家庭地S3)	3	6	9	12
	生存必需时间 (第一时间T1)	社会义务时间 (第二时间T2)	闲暇时间 (第三时间T3)	家庭义务时间 (第四时间T4)

时间

图 4.2 "时空二维图"

"时空二维图"的横轴是根据"新时间四分法"分类而成的四类时间:生存必需时间(第一时间 T1)、社会义务时间(第二时间 T2)、闲暇时间(第三时间 T3)、家庭义务时间(第四时间 T4)。纵轴是按"空间三分法"划分而成的三大空间:第一空间(休闲地 S1)、第二空间(工作地 S2)、第三空间(家庭地 S3)。据此,整个时空被分割为12个相互关联的时空。

"时空二维图"衍生出相关的研究领域,我们对其分析如下:

(1)第一时空 T1S1:第一时间与第一空间的交集(T1∩S1),生存必需时间在休闲地度过。例如,在休闲旅馆、度假村睡觉。

(2)第二时空 T1S2:第一时间与第二空间的交集(T1∩S2),生存必需时间在工作地度过。例如,在单位宿舍、宾馆睡觉。

(3)第三时空 T1S3:第一时间与第三空间的交集(T1∩S3),生存必需时间在家庭地度过。例如,在家里睡觉。

(4)第四时空 T2S1:第二时间与第一空间的交集(T2∩S1),社会义务时间在休闲地度过。例如,在高尔夫球场、咖啡厅、酒吧等休闲地谈工作。

(5)第五时空 T2S2:第二时间与第二空间的交集(T2∩S2),社会义务时间在工作地度过。例如,在工作单位上班。

(6)第六时空 T2S3:第二时间与第三空间的交集(T2∩S3),社会义务时间在家庭地度过。例如,在家上班等弹性工作方式。

(7)第七时空 T3S1:第三时间与第一空间的交集(T3∩S1),闲暇时间在休闲地度过。例如,在度假村、旅游胜地休闲。

(8)第八时空 T3S2:第三时间与第二空间的交集(T3∩S2),闲暇时间在工作地度过。例如,在办公室等工作场地、因公出差地休闲。

(9)第九时空 T3S3:第三时间与第三空间的交集(T3∩S3),闲暇时间在家庭地度过。例如,在家中休闲。

(10)第十时空 T4S1:第四时间与第一空间的交集(T4∩S1),家庭义务时间在休闲地度过。例如,在休闲地陪家人休闲。

(11)第十一时空 T4S2:第四时间与第二空间的交集(T4∩S2),家庭义务时间在工作地度过。例如,在工作地陪家人。

(12)第十二时空 T4S3:第四时间与第三空间的交集(T4∩S3),家庭义务时间在家庭地度过。例如,在家中陪家人。

说明：办公室是工作地，工作地不一定就是办公室，出差地等公务活动场所也可以是工作地。第一时间＋第二时间＋第三时间＋第四时间＝全部时间，即，设定：T1＋T2＋T3＋T4＝1。第一空间＋第二空间＋第三空间＝全部空间，即，设定：S1＋S2＋S3＝1。第一时空、第四时空、第七时空、第八时空、第九时空、第十时空是关于闲暇时空的研究，这是闲暇经济学重点关注的领域，尤其是关于第七时空的研究，即休闲时间在休闲地应该怎样度过（"身闲＋心至"），可以引发休闲地闲暇消费产业的研究。

二、"钱闲二维图"

闲暇消费要满足两个条件：既要有"钱"，又要有"闲"，即闲暇消费受到资金和时间的双重约束。从闲暇消费资金约束角度划分，闲暇消费品（注：消费品包括物质产品和服务产品，下同）分为资金密集型消费品和非资金密集型消费品，本书称之为"耗钱品"和"省钱品"。从闲暇消费时间约束角度划分，闲暇消费品分为时间密集型消费品和非时间密集型消费品。张旭昆和徐俊曾创造性地提出了"耗时性商品"和"省时性商品"的概念[①]，本书称之为"耗时品"和"省时品"。

将时间和资金两个变量组合，得出闲暇消费品的"钱闲二维图"（见图4.3）。该图的横轴是与时间相关的消费品，即非时间密集型消费品（省时品）、时间密集型消费品（耗时品）；纵轴是与资金相关的消费品，即资金密集型消费品（耗钱品）、非资金密集型消费品（省钱品）。

由"钱闲二维图"可以得出以下四种闲暇消费品组合：

（1）第一组合P1：省时耗钱品，例如，快速购买奢侈品。

（2）第二组合P2：省时省钱品，例如，看电影、听音乐会等娱乐活动。

（3）第三组合P3：耗时耗钱品，例如，出国旅游、接受高端教育、豪华式高尔夫运动、高端会所休闲等。

---

① 张旭昆，徐俊.消费的闲暇时间约束模型与假日经济现象[J].经济评论，2001(5)：45—48.

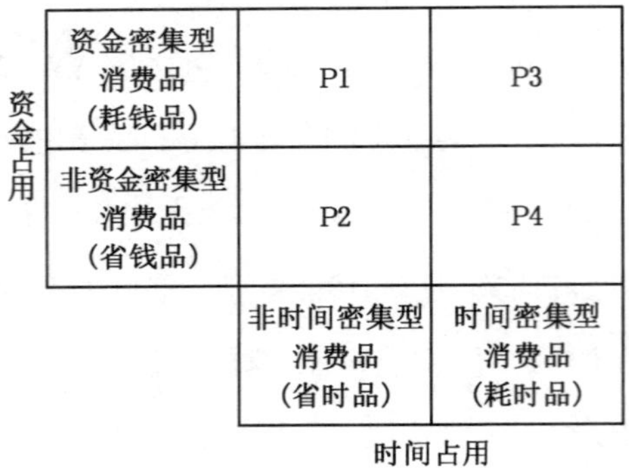

	非时间密集型 消费品 （省时品）	时间密集型 消费品 （耗时品）
资金密集型消费品 （耗钱品）	P1	P3
非资金密集型消费品 （省钱品）	P2	P4

资金占用（纵轴） 时间占用（横轴）

图 4.3 "钱闲二维图"

（4）第四组合 P4：耗时省钱品，例如，与朋友品茶聊天、文艺作品的阅读和欣赏等。

"钱闲二维图"可以拓展出若干个闲暇消费区域供分析研究，可以帮助不同的研究者找到自己的定位。根据"闲暇时间边界移动性"理论，闲暇时间可以实现心理延展，这使得文学艺术创作、静思等修心养性的闲暇行为（即耗时省钱品）可以普及，以提高民众的文化素养和生活质量。从市场营销学的研究角度看，研究者的关注点如果主要放在产品和服务的提供方面，则可重点关注第一类消费品和第三类消费品，即资金密集型消费品。

三、闲暇消费效用最大化

闲暇消费理论和闲暇时间理论密不可分，闲暇时间理论是闲暇消费理论的基础，闲暇消费理论研究的核心是闲暇消费效用最大化。

微观经济学在讨论消费者效用最大化时，是在收入限制的前提下进行的，并满足两个条件：全部的收入用来购买商品；这些商品在心理上的替代率与这些商品在市场上的交换率必须相等。[1] 传统的经济学只考虑资金的约束，其潜在的

---

[1] 尼科尔森.微观经济理论：基本原理与扩展[M].朱宝宪,宁向东,吴洪,等译.3版.北京：中国经济出版社,1999:93—116.

假设是:时间无限多,或者消费品的消费可以在瞬间完成。

然而,闲暇消费必须具备的两个基本前提是:消费者既有支付能力,又有闲暇时间。陈海达、汪斌和钟晶晶在《时间、收入与消费选择》中提出了时间和收入双重约束下的消费者最优选择理论。由"钱闲二维图"可见,消费者可以在省时耗钱品、耗时耗钱品、省时省钱品、耗时省钱品之间选择和组合,以期达到闲暇消费效用最大化。

基于"新时间四分法"以及"闲暇时间边界移动性"理论,在综合瓦尔特·尼科尔森的《微观经济理论》中的效用最大化理论以及陈海达等的时间和收入双重约束下的消费者最优选择理论分析的基础上,本书得出以下理论模型:

$$\max U(Y_1, Y_2, \cdots, Y_n; t_1, t_2, \cdots, t_n) \quad (1)$$

$$s.t. \sum_{i=1}^{n} P_i \times Y_i \leqslant I, I = r_1 T_s + r_2 T_h + C \quad (2)$$

$$\sum_{i=1}^{n} t_i \leqslant T_l, T_n + T_s + T_l + T_h = 1 \quad (3)$$

建立拉格朗日表达式:

$$\begin{aligned} L = & U(Y_1, Y_2, \cdots, Y_n) + \lambda_1 [I - (P_1 Y_1 + P_2 Y_2 + \cdots + P_n Y_n)] \\ & + \lambda_2 [T_l - (t_1 + t_2 + \cdots + t_n)] \end{aligned} \quad (4)$$

运用库恩-塔克尔(Kuhn-Tucker)定理,求 L 关于 $Y_i, t_i, \lambda_1, \lambda_2$ 的偏导,解联立方程,可得出整体极大值点: $Y_i^*, t_i^*, \lambda_1^*, \lambda_2^*$。

参数说明:

U:效用函数;Y_i:第 i 种闲暇消费品的量;P_i:第 i 种闲暇消费品的货币成本;I:总收入;t_i:第 i 种闲暇消费品的时间成本;C:其他财产收入;r_1:社会工资率;r_2:家庭工资率;T_n:生存必需时间;T_s:社会义务时间;T_l:闲暇时间;T_h:家庭义务时间。

公式说明:

公式(1):闲暇消费效用函数受货币和时间的双重影响,总的消费效用要最大化。

公式(2)：各项闲暇消费之和应小于总收入，即收入约束。总收入等于工资收入、家务收入与其他收入之和。注意：这里的总收入与传统的货币收入不同，增加了虚拟家务收入，这是一种可以实际量化的收入，即：假如消费者将家务外包给别人，其所付的工资就是可实际量化的虚拟家务收入。

公式(3)：各项闲暇消费时间之和应小于总的闲暇时间，即时间约束。根据"新时间四分法"理论，四项时间之和等于一个恒量，即：一天等于 24 小时，一年等于 365 天。

公式(4)：通过建立拉格朗日表达式，运用 Kuhn-Tucker 定理，算出整体极大值点。

由于生存必需时间 T_n 约等于一个恒量(假定人们的睡眠、吃饭等生存必需时间相等)，因此公式(3)的后半部分又可变为：

$$T_l + T_s + T_h = 1 \tag{5}$$

当进行闲暇时间物理延展时，分析如下：

闲暇时间 T_l 的增加可以导致闲暇消费的增加，由于 $T_l + T_s + T_h = 1$，T_l、T_s、T_h 是此消彼长的关系：T_l 的增加会导致 T_s、T_h 的减少，而 T_s、T_h 的减少又会导致总收入 I 的减少，从而导致闲暇消费的减少。反之亦然。

这引发了以下几个研究课题：T_l 增加不一定会导致闲暇消费的增加，怎样找出 T_l 增加，闲暇消费也增加的理想区间？T_l、T_s、T_h 如何配置，才能使闲暇消费总效应最大化？"耗钱品""省钱品"与"耗时品""省时品"之间如何配置，才能使闲暇消费总效应最大化？在什么情况下，家务应该自己做？在什么情况下，家务应该外包？(r_1、r_2 的分析)

"闲暇时间心理延展"观点的提出，使得在 T_s、T_h 的物理时间不变的情况下，T_l 可以进行"心理延展"，从而公式(5)变为：

$$T_l + T_s + T_h + g = 1 \tag{6}$$

其中，g：心理延展系数。

这样，前面的平衡方程式就要被打破，而建立新的方程式，但研究的路径基本不变,其结果是闲暇消费的总效用增加。

当然,本书也存在不足,其中一个问题就是:"闲暇时间心理延展"虽然具有实践意义和可操作性,但心理延展有其局限:心理延展时间的度量性和计算方法不易把握。因此,数学模型的建立及其精确计算以及数据的收集、统计存在一定的难度,有待于在今后的研究中进一步完善。

第四节　闲暇消费"时间、空间、消费品三维图"（T-S-P 三维图）

一、闲暇消费的分类

关于闲暇消费分类的主要研究成果如下。

郭鲁芳将闲暇消费活动分为七大类型:保健型闲暇消费、美容型闲暇消费、餐饮型闲暇消费、娱乐型闲暇消费、情感型闲暇消费、增智型闲暇消费、综合型闲暇消费。[1] 郭鲁芳建立了引入时间变量的闲暇消费模型,该模型运用了时间密集型休闲品和物品密集型休闲品的概念,是闲暇消费理论的一个创新。[2] 但笔者认为"物品密集型休闲品"的提法不妥,因为闲暇消费品中服务占比大,所以用"资金密集型闲暇消费品"更为妥当。

楼嘉军根据闲暇消费的阶层将闲暇消费划分为五个经济等级,包括十大社会阶层:(1)国家与社会管理者;(2)经理人员;(3)私营企业主;(4)专业技术人员;(5)办事人员;(6)个体工商户;(7)商业服务业员工;(8)产业工人;(9)农业劳动者;(10)城乡无业、失业、半失业者。他根据闲暇消费的形态将闲暇消费划分为:闲暇物质产品消费和闲暇劳务消费。他根据闲暇消费的性质将闲暇消费划

---

[1] 郭鲁芳.休闲经济学:休闲消费的经济分析[M].杭州:浙江大学出版社,2005:23.
[2] 同[1]:24.

分为知识性消费和娱乐性消费两大类型,其中,知识性消费活动分为技能型消费和发展型消费两大分支;娱乐性消费类活动可分为消遣型娱乐和健身型娱乐两种形式。他根据闲暇消费的方式将闲暇消费划分为群体型闲暇消费和个体型闲暇消费两种类型。①

苏徐对闲暇消费的分类如下:按闲暇消费的对象现实形态的具体表现划分,可分为闲暇产品的闲暇消费和闲暇服务的闲暇消费;根据闲暇消费活动中时间要素与消费资料要素的不同组合分类,可分为时间密集型闲暇消费和消费品密集型闲暇消费;根据闲暇消费过程中闲暇与消费主题的结合方式分类,可分为中间性闲暇消费与最终性闲暇消费;根据闲暇消费对主体的不同影响分类,可分为提高型闲暇消费、享受型闲暇消费和堕落型闲暇消费;根据休闲与消费主体的结合强度分类,可分为参与型闲暇消费与接受型闲暇消费。②

魏小安认为,闲暇消费品可分为:观光类闲暇消费品、城郊类闲暇消费品、度假类闲暇消费品、商务类闲暇消费品、运动类闲暇消费品(如高尔夫、滑雪、漂流、攀登、自行车、极限运动等)、文化类闲暇消费品(如博物馆、图书馆、收藏等)。③

王德伟认为,面对大量的闲暇消费产品,人们习惯简单地从两个角度来分类:以休闲活动种类为标准划分休闲产品,以彰显人文文化功能为标准的休闲产品分类。④

马惠娣提出,休闲消费的类型包括:知识类休闲消费,其消费内容如读书、逛书店、参观展览、阅读报刊、接受继续教育、看电视新闻;运动类休闲消费,其消费内容如旅游、郊游野餐、各种健身活动、各种体育运动项目;艺术类休闲消费,其消费内容如摄影、欣赏各类艺术场馆、书法、绘画、演奏器乐、歌唱、收藏等;技艺类休闲消费,其消费内容如探亲访友、各种形式的聊天、社团公益活动、慈善组织

---

① 楼嘉军.休闲新论[M].上海:立信会计出版社,2005:6.
② 苏徐.休闲经济问题初探[J].生产力研究,2003(6):67—68.
③ 魏小安.中国休闲经济[M].北京:社会科学文献出版社,2005:10.
④ 王德伟.休闲与休闲产品[J].自然辩证法研究,2001(5):62—63.

活动;消遣类休闲消费,其消费内容如沉思、各类志愿者活动、宗教活动。[1]

李在永认为,闲暇消费的主要方式包括旅游度假、珍品收藏、宠物养殖、文化娱乐、体育活动、喜庆活动、美容美饰、健身保险、继续教育与业余特长技术教育、"吧"式消费等。[2]

韩国学者孙海植认为,闲暇消费的主要项目包括身体活动、知识性活动、艺术性活动、社交活动、特别项目。影响闲暇消费的因素主要包括收入水平、教育水平、职业、交通工具、生命周期、居住地、性别、年龄等。[3]

王琪延认为,闲暇消费活动内容分为五类:体育活动、业余学习研究活动(分为生涯型学习、投资型学习、消费型学习)、娱乐活动(分为娱乐消遣型、腐朽消极型)、旅游和市内游览、公益活动。[4]

汤超义和陈启杰按闲暇消费空间划分,他们认为闲暇消费可分为在休闲地(第一空间)的闲暇消费、在工作地(第二空间)的闲暇消费、在家庭地(第三空间)的闲暇消费,这也是本书重点关注的闲暇消费分类方法。按闲暇消费货币支出状况划分,闲暇消费可分为非资金密集型闲暇消费和资金密集型闲暇消费。按货币支出和时间支出组合划分,闲暇消费可分为省钱省时品、耗钱耗时品、省钱耗时品、耗钱省时品。[5]

此外,还有按外部效应、时间消耗、闲暇消费产品形态、闲暇消费的组成等划分依据。

二、"时间、空间、消费品三维图"(T-S-P 三维图)

由"时空二维图""钱闲二维图"分析可知:按照"新时间四分法"划分,时间分

---

[1] 马慧娣.走向人文关怀的休闲经济[M].北京:中国经济出版社 2004:151.
[2] 李在永.论休闲消费的几个基本问题[J].北方经贸,2002(10):47—49.
[3] 孙海植.休闲学[M].朴松爱,李仲广,译.大连:东北财经大学出版社,2005:105—112.
[4] 王琪延.国民闲暇活动核算研究[J].成人高教学刊,2000(3):7—10.
[5] 汤超义,陈启杰."新时间四分法"及其在闲暇经济理论中的应用[J].学术月刊,2009(10):94—100.

成四个组成部分,即生存必需时间(第一时间 T1)、社会义务时间(第二时间 T2)、闲暇时间(第三时间 T3)、家庭义务时间(第四时间 T4),且总时间等于以上四个时间之和。

按照"空间三分法"划分,空间分成三个组成部分,即第一空间(休闲地 S1)、第二空间(工作地 S2)、第三空间(家庭地 S3),且总的空间等于以上三个空间之和。

按照"新时间四分法""空间三分法"组合成"时空二维图",得出十二个时空:第一时空 T1S1,即第一时间与第一空间的交集;第二时空 T1S2,即第一时间与第二空间的交集;第三时空 T1S3,即第一时间与第三空间的交集;第四时空 T2S1,即第二时间与第一空间的交集;第五时空 T2S2,即第二时间与第二空间的交集;第六时空 T2S3,即第二时间与第三空间的交集;第七时空 T3S1,即第三时间与第一空间的交集;第八时空 T3S2,即第三时间与第二空间的交集;第九时空 T3S3,即第三时间与第三空间的交集;第十时空 T4S1,即第四时间与第一空间的交集;第十一时空 T4S2,即第四时间与第二空间的交集;第十二时空 T4S3,即第四时间与第三空间的交集。

根据闲暇消费的"钱""闲"双重约束,可将受资金约束的闲暇消费品分为资金密集型消费品(耗钱品)、非资金密集型消费品(省钱品);可将受时间约束的闲暇消费品分为时间密集型消费品(耗时品)、非时间密集型消费品(省时品)。

将受资金约束的闲暇消费品和受时间约束的闲暇消费品进行组合,得出"钱闲二维图",由此将闲暇消费品组合成四大类,即:第一组合消费品 P1,省时耗钱品;第二组合消费品 P2,省时省钱品;第三组合消费品 P3,耗时耗钱品;第四组合消费品 P4,耗时省钱品。总的闲暇消费品等于这四种组合品之和。

如图 4.4 所示,将以上时间、空间消费品进行组合,可以得出闲暇消费品"时间、空间、消费品三维图"(T-S-P 三维图)。

分析"T-S-P 三维图",可以得出 48 个细分市场:第一组合品与十二个时空的组合形成的十二个细分市场;第二组合品与十二个时空的组合形成的十二个

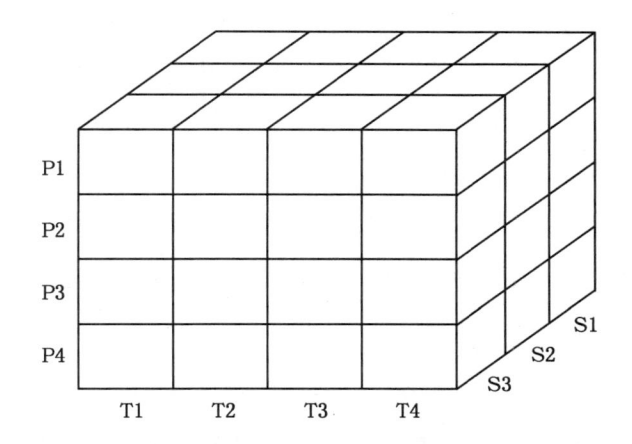

图 4.4　闲暇消费品"时间、空间、消费品三维图"（T-S-P 三维图）

细分市场；第三组合品与十二个时空的组合形成的十二个细分市场；第四组合品与十二个时空的组合形成的十二个细分市场。

（一）第一组合品与十二个时空的组合

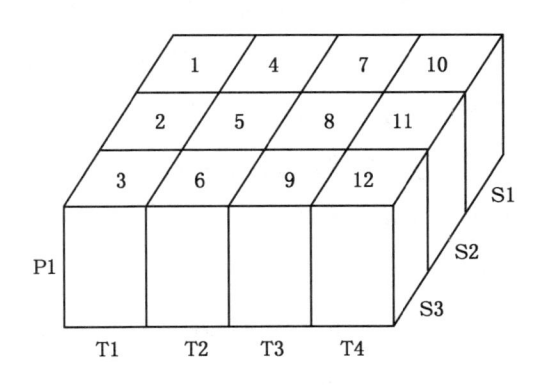

第一组合品与十二个时空的组合，如图 4.5 所示：

图 4.5　第一组合品与十二个时空的组合

下面逐一分析各个组合：

(1)时空品组合 T1S1P1：T1S1∩P1，即第一时空与第一组合品的组合，是指省时耗钱品在第一时空内的消费，即在生存必需时间于休闲地消费省时耗钱品。

例如，在度假村吃豪华快餐。

（2）时空品组合 T1S2P1：T1S2∩P1，即第二时空与第一组合品的组合，是指省时耗钱品在第二时空内的消费，即在生存必需时间于工作地消费省时耗钱品。例如，在出差地的宾馆吃豪华快餐。

（3）时空品组合 T1S3P1：T1S3∩P1，即第三时空与第一组合品的组合，是指省时耗钱品在第三时空内的消费，即在生存必需时间于家庭地消费省时耗钱品。例如，在家里吃豪华快餐。

（4）时空品组合 T2S1P1：T2S1∩P1，即第四时空与第一组合品的组合，是指省时耗钱品在第四时空内的消费，即在社会义务时间于休闲地消费省时耗钱品。例如，上班时在豪华娱乐场所与客户短暂会晤。

（5）时空品组合 T2S2P1：T2S2∩P1，即第五时空与第一组合品的组合，是指省时耗钱品在第五时空内的消费，即在社会义务时间于工作地消费省时耗钱品。例如，上班时在办公室快速网购闲暇奢侈品。

（6）时空品组合 T2S3P1：T2S3∩P1，即第六时空与第一组合品的组合，是指省时耗钱品在第六时空内的消费，即在社会义务时间于家庭地消费省时耗钱品。例如，实行弹性工作制机构的员工在家上班时，快速网购奢侈品。

（7）时空品组合 T3S1P1：T3S1∩P1，即第七时空与第一组合品的组合，是指省时耗钱品在第七时空内的消费，即在闲暇时间于休闲地消费省时耗钱品。例如，节假日在旅游地快速购买闲暇奢侈品。

（8）时空品组合 T3S2P1：T3S2∩P1，即第八时空与第一组合品的组合，是指省时耗钱品在第八时空内的消费，即在闲暇时间于工作地消费省时耗钱品。例如，节假日因公出差时快速购买闲暇奢侈品。

（9）时空品组合 T3S3P1：T3S3∩P1，即第九时空与第一组合品的组合，是指省时耗钱品在第九时空内的消费，即在闲暇时间于家庭地消费省时耗钱品。例如，在家休假时为自己快速网购闲暇奢侈品。

（10）时空品组合 T4S1P1：T4S1∩P1，即第十时空与第一组合品的组合，是指省时耗钱品在第十时空内的消费,即在家庭义务时间于休闲地消费省时耗钱品。例如,陪家人在奢侈品专卖店快速购买闲暇奢侈品。

(11)时空品组合 T4S2P1:T4S2∩P1,即第十一时空与第一组合品的组合,是指省时耗钱品在第十一时空内的消费,即在家庭义务时间于工作地消费省时耗钱品。例如,出差时,在外地陪家人快速购买闲暇奢侈品。

(12)时空品组合 T4S3P1:T4S3∩P1,即第十二时空与第一组合品的组合,是指省时耗钱品在第十二时空内的消费,即在家庭义务时间于家庭地消费省时耗钱品。例如,在家中陪家人快速网购闲暇奢侈品。

(二)第二组合品与十二个时空的组合

第二组合品与十二个时空的组合,如图 4.6 所示:

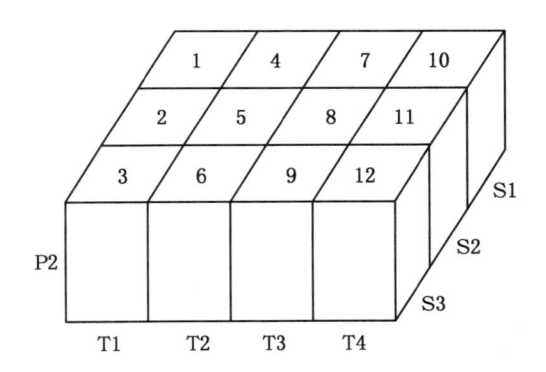

图 4.6 第二组合品与十二个时空的组合

下面逐一分析各个组合:

(1)时空品组合 T1S1P2:T1S1∩P2,即第一时空与第二组合品的组合,是指省时省钱品在第一时空内的消费,即在生存必需时间于休闲地消费省时省钱品。例如,在街边小店吃简易快餐。

(2)时空品组合 T1S2P2:T1S2∩P2,即第二时空与第二组合品的组合,是指省时省钱品在第二时空内的消费,即在生存必需时间于工作地消费省时省钱品。例如,出差时在小饭馆吃简易快餐。

(3)时空品组合 T1S3P2：T1S3∩P2，即第三时空与第二组合品的组合，是指省时省钱品在第三时空内的消费，即在生存必需时间于家庭地消费省时省钱品。例如，在家里吃简易快餐。

(4)时空品组合 T2S1P2：T2S1∩P2，即第四时空与第二组合品的组合，是指省时省钱品在第四时空内的消费，即在社会义务时间于休闲地消费省时省钱品。例如，上班时在普通茶室与客户短暂会晤并消费。

(5)时空品组合 T2S2P2：T2S2∩P2，即第五时空与第二组合品的组合，是指省时省钱品在第五时空内的消费，即在社会义务时间于工作地消费省时省钱品。例如，上班时在办公室快速网购简易闲暇消费品。

(6)时空品组合 T2S3P2：T2S3∩P2，即第六时空与第二组合品的组合，是指省时省钱品在第六时空内的消费，即在社会义务时间于家庭地消费省时省钱品。例如，实行弹性工作制机构的员工在家上班时，快速网购简易闲暇消费品。

(7)时空品组合 T3S1P2：T3S1∩P2，即第七时空与第二组合品的组合，是指省时省钱品在第七时空内的消费，即在闲暇时间于休闲地消费省时省钱品。例如，节假日在旅游地快速购买简易闲暇消费品。

(8)时空品组合 T3S2P2：T3S2∩P2，即第八时空与第二组合品的组合，是指省时省钱品在第八时空内的消费，即在闲暇时间于工作地消费省时省钱品。例如，节假日因公出差时快速购买简易闲暇消费品。

(9)时空品组合 T3S3P2：T3S3∩P2，即第九时空与第二组合品的组合，是指省时省钱品在第九时空内的消费，即在闲暇时间于家庭地消费省时省钱品。例如，在家休假时为自己快速网购简易闲暇消费品。

(10)时空品组合 T4S1P2：T4S1∩P2，即第十时空与第二组合品的组合，是指省时省钱品在第十时空内的消费，即在家庭义务时间于休闲地消费省时省钱品。例如，节假日，陪家人在某专卖店快速购买简易闲暇消费品。

(11)时空品组合 T4S2P2：T4S2∩P2，即第十一时空与第二组合品的组合，是指省时省钱品在第十一时空内的消费，即在家庭义务时间于工作地消费省时省钱品。例如,出差时,陪家人在外地快速购买简易闲暇消费品。

(12)时空品组合 T4S3P2：T4S3∩P2,即第十二时空与第二组合品的组合,是指省时省钱品在第十二时空内的消费,即在家庭义务时间于家庭地消费省时省钱品。例如,在家中陪家人快速网购简易闲暇消费品。

(三) 第三组合品与十二个时空的组合

第三组合品与十二个时空的组合,如图 4.7 所示：

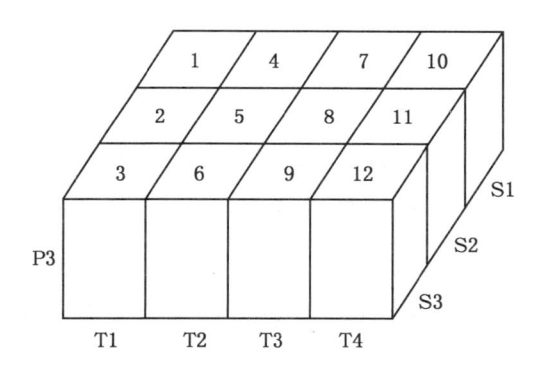

图 4.7　第三组合品与十二个时空的组合

下面逐一分析各个组合：

(1)时空品组合 T1S1P3：T1S1∩P3,即第一时空与第三组合品的组合,是指耗时耗钱品在第一时空内的消费,即在生存必需时间于休闲地消费耗时耗钱品。例如,在度假村享受豪华晚宴。

(2)时空品组合 T1S2P3：T1S2∩P3,即第二时空与第三组合品的组合,是指耗时耗钱品在第二时空内的消费,即在生存必需时间于工作地消费耗时耗钱品。例如,在出差的宾馆出席豪华晚宴。

(3)时空品组合 T1S3P3：T1S3∩P3,即第三时空与第三组合品的组合,是指耗时耗钱品在第三时空内的消费,即在生存必需时间于家庭地消费耗时耗钱品。例如,在家里享受豪华晚宴。

(4)时空品组合 T2S1P3：T2S1∩P3,即第四时空与第三组合品的组合,是指耗时耗钱品在第四时空内的消费，即在社会义务时间于休闲地消费耗时耗钱品。例如，上班时在豪华娱乐场所邀请有趣的客户的消费。

(5)时空品组合 T2S2P3：T2S2∩P3，即第五时空与第三组合品的组合，是指耗时耗钱品在第五时空内的消费，即在社会义务时间于工作地消费耗时耗钱品。例如，出差时逛街，慢慢选购奢侈闲暇消费品。

(6)时空品组合 T2S3P3：T2S3∩P3，即第六时空与第三组合品的组合，是指耗时耗钱品在第六时空内的消费，即在社会义务时间于家庭地消费耗时耗钱品。例如，实行弹性工作制机构的员工在家上班时，上网细心选购奢侈闲暇消费品。

(7)时空品组合 T3S1P3：T3S1∩P3，即第七时空与第三组合品的组合，是指耗时耗钱品在第七时空内的消费，即在闲暇时间于休闲地消费耗时耗钱品。例如，节假日在旅游地精心选购奢侈闲暇消费品。

(8)时空品组合 T3S2P3：T3S2∩P3，即第八时空与第三组合品的组合，是指耗时耗钱品在第八时空内的消费，即在闲暇时间于工作地消费耗时耗钱品。例如，节假日因公出差时精心选购奢侈闲暇消费品。

(9)时空品组合 T3S3P3：T3S3∩P3，即第九时空与第三组合品的组合，是指耗时耗钱品在第九时空内的消费，即在闲暇时间于家庭地消费耗时耗钱品。例如，在家休假时上网为自己精心选购奢侈闲暇消费品。

(10)时空品组合 T4S1P3：T4S1∩P3，即第十时空与第三组合品的组合，是指耗时耗钱品在第十时空内的消费，即在家庭义务时间于休闲地消费耗时耗钱品。例如，出去旅游，陪家人逛街，精心地挑选奢侈闲暇消费品。

(11)时空品组合 T4S2P3：T4S2∩P3，即第十一时空与第三组合品的组合，是指耗时耗钱品在第十一时空内的消费，即在家庭义务时间于工作地消费耗时耗钱品。例如，出差时，陪家人在外地精心挑选奢侈闲暇消费品。

(12)时空品组合 T4S3P3：T4S3∩P3，即第十二时空与第三组合品的组合，是指耗时耗钱品在第十二时空内的消费，即在家庭义务时间于家庭地消费耗时耗钱品。例如，在家中陪家人上网精心选购奢侈闲暇消费品。

（四）第四组合品与十二个时空的组合

第四组合品与十二个时空的组合，如图 4.8 所示：

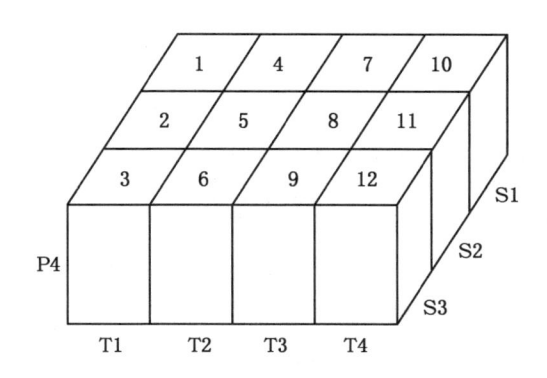

图 4.8 第四组合品与十二个时空的组合

下面逐一分析各个组合：

(1)时空品组合 T1S1P4：T1S1∩P4，即第一时空与第四组合品的组合，是指耗时省钱品在第一时空内的消费，即在生存必需时间于休闲地消费耗时省钱品。例如，在街边小店慢慢品尝早茶。

(2)时空品组合 T1S2P4：T1S2∩P4，即第二时空与第四组合品的组合，是指耗时省钱品在第二时空内的消费，即在生存必需时间于工作地消费耗时省钱品。例如，出差时，在经济型酒店慢慢品尝早茶。

(3)时空品组合 T1S3P4：T1S3∩P4，即第三时空与第四组合品的组合，是指耗时省钱品在第三时空内的消费，即在生存必需时间于家庭地消费耗时省钱品。例如，在家里慢慢品尝早茶。

(4)时空品组合 T2S1P4：T2S1∩P4，即第四时空与第四组合品的组合，是指耗时省钱品在第四时空内的消费，即在社会义务时间于休闲地消费耗时省钱品。例如，上班时在普通的咖啡厅请客户喝咖啡。

(5)时空品组合 T2S2P4：T2S2∩P4，即第五时空与第四组合品的组合，是指耗时省钱品在第五时空内的消费，即在社会义务时间于工作地消费耗时省钱品。

例如，出差时选购简易闲暇消费品。

（6）时空品组合 T2S3P4：T2S3∩P4，即第六时空与第四组合品的组合，是指耗时省钱品在第六时空内的消费，即在社会义务时间于家庭地消费耗时省钱品。例如，实行弹性工作制机构的员工在家上班时，上网精心选购简易闲暇消费品。

（7）时空品组合 T3S1P4：T3S1∩P4，即第七时空与第四组合品的组合，是指耗时省钱品在第七时空内的消费，即在闲暇时间于休闲地消费耗时省钱品。例如，节假日在旅游地精心选购简易闲暇消费品。

（8）时空品组合 T3S2P4：T3S2∩P4，即第八时空与第四组合品的组合，是指耗时省钱品在第八时空内的消费，即在闲暇时间于工作地消费耗时省钱品。例如，节假日因公出差时精心选购简易闲暇消费品。

（9）时空品组合 T3S3P4：T3S3∩P4，即第九时空与第四组合品的组合，是指耗时省钱品在第九时空内的消费，即在闲暇时间于家庭地消费耗时省钱品。例如，在家休假时上网，为自己精心选购简易闲暇消费品。

（10）时空品组合 T4S1P4：T4S1∩P4，即第十时空与第四组合品的组合，是指耗时省钱品在第十时空内的消费，即在家庭义务时间于休闲地消费耗时省钱品。例如，出去旅游时，陪家人在外地慢慢挑选简易闲暇消费品。

（11）时空品组合 T4S2P4：T4S2∩P4，即第十一时空与第四组合品的组合，是指耗时省钱品在第十一时空内的消费，即在家庭义务时间于工作地消费耗时省钱品。例如，出差时，陪家人在外地慢慢挑选简易闲暇消费品。

（12）时空品组合 T4S3P4：T4S3∩P4，即第十二时空与第四组合品的组合，是指耗时省钱品在第十二时空内的消费，即在家庭义务时间于家庭地消费耗时省钱品。例如，在家中陪家人上网，慢慢选购简易闲暇消费品。

第五章

长三角高管人员闲暇消费分析

第一节　长三角高管人员闲暇消费品"T-S-P"分析

一、长三角高管人员闲暇消费品的选择

（一）长三角高管人员闲暇消费内容的调查筛选

预调查时，笔者通过和三十多位长三角高管人员的电话访谈，直接了解他们的闲暇时间安排以及闲暇消费的主要内容。调查结果显示，他们的闲暇消费内容有很多相同之处，据此，笔者筛选出了长三角高管人员闲暇消费的主要项目。

随着调查的进一步深入，笔者根据实际情况，调整了部分消费项目。比如，层次越高的管理人员，其上网时间越短，越喜欢艺术品鉴赏和收藏。因此，书中删除了上网冲浪等消费项目，而增加了艺术品鉴赏和收藏。

长三角高管人员闲暇消费主要包括八个项目：豪宅休闲、豪车休闲、高尔夫运动、旅游、高端教育、交朋结友、购物、艺术品鉴赏和收藏。

（二）长三角高管人员主要闲暇消费品介绍

1. 豪宅休闲

豪宅是指在特定地段，以度身定制的方式打造的住宅，专门供给社会上拥有财富、地位的人。豪宅具有鲜明的建筑特色和历史人文价值。具体地说，豪宅具有五大特征：一是凝聚了更多的劳动。豪宅大多凝聚了更多显性和隐性的社会劳动，例如，规划、建筑、园林景观等设计师以及营销人员的创意和智慧等。二是占有了稀缺的资源。豪宅通常具有不可再生、得天独厚的自然资源，如交通便利、环境幽雅等条件，或具有历史形成的人文价值，如名人故里、国际大都市等。三是具有不易复制的品质。豪宅有着不可替代的优越地段、难以仿造的独特风格、无法再生的人文价值。四是为少数人所拥有。豪宅属于非生活必需品，因其占有资源的稀缺性和不易复制性，形成了其昂贵的价格。从供需情况看，豪宅属

于量小质高的住宅产品,其对应的目标市场也是处于社会结构中金字塔顶部的富裕阶层。五是豪宅是一个相对的概念。豪宅的概念要依托于一个参照系作为标准,针对不同时代、不同地区、不同人群,房屋建筑的标准也将呈现出不同的形态。比如,就价格而言,某一个地区的豪宅,可能只相当于另一个地区的普通住宅。

豪宅有三大功能:一是居住,二是投资,三是休闲。豪宅的居住功能在三大功能中的比重相对较少,因为豪宅属于非生活必需品,投资性豪宅不在本书的研究范围之内。豪宅的第三大功能才是本研究所关注的。豪宅的休闲功能在资金上的体现是:一次投入,多次消费。

2. 豪车休闲

就价格而论,豪车不仅是一种代步工具,而且是用巨款打造的移动"宫殿"。就消费群体而论,豪车常常与权力、财富、尊贵地位有着千丝万缕的关系,这个消费群体通常为:传统的皇室、贵族、当下的政要、巨富以及公众人物等。这是一个范围相对狭窄的消费圈,消费者常常已过中年,性格成熟稳重,喜好经典。从国属来看,豪车的生产国与消费国通常是发达国家,即"生于豪国、用于豪国"。顶级豪车数量的增多也是一个国家或城市经济发达的标志之一,在北京、上海、广州、深圳以及江浙一带能看到越来越多的豪华车,也是中国经济蓬勃发展的象征。

什么样的车可以算作豪华车?其实,这并没有统一标准。随着中国车市与国外进一步接轨,传统品牌豪华车价格逐渐走低,一些品牌的豪华车为了追求销量,慢慢褪去"豪华"色彩,以趋近平易近人的价格参与大众车型的市场竞争,这种趋势愈演愈烈,"次豪华车"作为一个群体迅速崛起。这些次豪华车是由原先的豪华车演变而来,使更多的消费者可以用中高级车的价格,买到一辆原先的豪华车,从而,豪华车被重新定义。当然,也有一种观点认为,豪华车的本质是"去大众化",只能为少数人拥有,数量多了就不能称之为豪华车。因此,其标准不应该由汽车品牌决定,而应该由汽车的价格和品质共同决定。随着人民生活水平的不断提高,豪华车的价格和品质等标准都在不断提升。

豪车也有两大主要功能,即交通功能和休闲功能,本研究关注豪车的休闲功能。豪车的休闲功能在资金上的体现是:一次投入,多次消费。

3. 高尔夫运动

高尔夫的英语为"GOLF",它是绿地(Green)、氧气(Oxygen)、阳光(Light)、步行(Foot)四个英文单词首字母的组合,这也正是高尔夫运动的基本元素。

高尔夫是一种球类运动,以棒击球入穴,击球的次数越少越好。它也是一项具有特殊魅力的运动,它的特点是动静结合。运动者在优雅、自然、绿色的环境中击球,打满18个洞,通常要用四个小时左右,步行十多千米,整个过程要求运动者有很强的思维能力和自控能力。因此,这是一项既能锻炼身体,又能提高技巧、陶冶情操的活动,深受人们的喜爱。这项运动对场地的要求很高,一个18洞的球场,占地达1 000亩左右,既要有平坦的沙滩、翠绿的草坪,又要有起伏的山坡、纵横的沟壑和清清的溪流。设施配套完善的球场还需要经常除草、浇水、修剪,并用昂贵的机器滚轧草地。因此,其建造成本巨大,维护成本昂贵,使用成本不菲。高尔夫运动曾经只是在宫廷贵族中盛行,故有"贵族球"之称。时至今日,高尔夫运动在西方的一些国家已经有平民化的趋势,但是,一些高端的高尔夫球场,价格仍然不菲。

关于高尔夫的起源,众说纷纭,通常有苏格兰起源说、荷兰起源说、中国起源说、法国起源说等。其中,苏格兰起源说比较盛行。据记载,苏格兰北海岸的士兵率先打高尔夫,后来传到苏格兰民间并引发宫廷贵族的浓厚兴趣,最终它成为一项传统项目,并传入英格兰、美洲、大洋洲、南非以及亚洲。

苏格兰起源说盛行的另一个重要原因是,高尔夫球运动最初的规则是由苏格兰的爱丁堡高尔夫球俱乐部制定的,其规则条目达34条之多。正是因其不可确定性和挑战性,以及包含着其他许多生活哲理,而受到高管人员的喜爱。

2014年起,国家对全国各地高尔夫球场按照"取缔、退出、撤销、整改"四类要求进行清理。据2021年5月17日新华网《11部门明确海南三亚兰海云天高尔夫球场为严重问题球场》报道：截至2020年底，全国高尔夫球场总数从原来的689个减少到449个，关停的球场占球场总数的34.8%。

很多地方还出台了有关国家公职人员打高尔夫的禁令。比如，2014年12月，某省对公务员提出了明确规定："不准用公款购买或接受单位和个人赠送的高尔夫球会员证、贵宾卡、优惠卡和其他各类消费卡（券）及球具。不准用公款公物或在办公时间打高尔夫。不准与管理和服务对象以及其他与行使职权有关系的人员打高尔夫，不准由他人支付本人或亲属打高尔夫的费用。"高尔夫运动也因此成为国家公职人员、国企高管的"禁区"，高尔夫运动逐渐退出了国家公职人员、国企高管的闲暇消费项目。不过，高尔夫运动仍然是民企高管重要的闲暇消费项目。

4. 旅游

旅游的定义有很多，其主要的定义包括以下几种：(1)交往定义。为满足文化生活需要及各种愿望，人们逗留在异地进行的各种交往。(2)目的定义。为修养、交际、受教育和扩大知识等目的，暂时在异地开展的闲暇活动。(3)时间定义。为消遣，在某国或地区逗留超过24小时。(4)相互关系定义。由旅游者、相关企业、相关国家及地区政府以及当地居民等相互作用而产生的关系总和。(5)生活方式定义。现代社会一种短期性、异地性、业余性和享受性的特殊生活方式。(6)艳遇定义。德国作家黑塞说："旅游就是艳遇。"陌生地、陌生人、旅行中的艳遇在美景的衬托之下更显浪漫情调。艳，奇幻迷离，让人意犹未尽。遇，可遇而不可求，一场风花雪月的邂逅，一个怦然心动的瞬间。(7)国际组织的定义。1936年，国家联盟统计专家委员会提出："外国旅游者，是指离开其惯常居住地，到其他国家旅行至少24小时以上的人。"1945年，联合国认可了该定义，并增加了"不超过6个月"的限定。1963年，联合国国际旅游大会采用"游客（Visitor）"这个新词汇，并明确"旅行者主要目的不是获取收入"。1980年，世界旅游组织将上述定义引申为所有旅游，也适用于国民在国内的旅游。

旅游的特性主要包括以下几类：一是异地短暂性。旅游不是离开居住地到目的地永久居住，而是在异地进行的一种暂时性的生活方式。二是闲暇业余性。

闲暇性体现了旅游的本质。当然,这个特征实际上难以区分,如科学考察也包含旅游行为,考察者既是工作者,也是游览者。三是求知享受性。旅游者通常有"求新、求知、求乐"三个共性。求知,包括业余性和业务性,旅游使人增长见识,旅游是在物质生活基本满足后的一种高级的精神享受,通过游览异地风光、体验新的生活,获得平时不易得到的快乐。四是发展变化性。旅游是人类社会中一种不断发展的生活方式,过去只有富裕、空闲和受过良好教育的人能出国旅行,现代旅游追求闲暇的"民主化"使其发展为"社会旅游"。

旅游的分类主要包括以下几类。其一,按动机分类:观光、休假、教育、生态、毕业、蜜月、保健、会议、商务、宗教、猎奇、娱乐、学习、购物、科考、互助等旅游。其二,按时间分类:短期旅游、长期旅游。其三,按国界分类:跨国旅游、本国旅游、境内旅游等。

5. 高端教育

随着中国经济的迅速发展,中国企业对高端管理人才的需求日益增加。高等教育呈现多元化的发展趋势,硕士学位教育、博士学位教育面向在职人员,例如一些由高校自主招生的学位教育项目(如 MBA、EMBA、MPA、EMPAcc 等硕士学位教育),以及非学位教育(如总裁研修班等高层次课程进修班)。消费者对这些价格不菲的高端教育产品的需求动机,构成了高端教育的巨大市场,并吸引了许多优秀的海外名校加入。国内最早开始合作管理人员工商管理硕士(EMBA)项目的是中欧国际工商学院(1995 年)。国内最早开设专业会计硕士(MPAcc)项目的合作学校是香港中文大学和上海国家会计学院(2002 年)。后来,教育部也开设了 MPAcc,为了体现差异化,香港中文大学和上海国家会计学院把该项目的名称改为 EMPAcc。

6. 交朋结友

朋友,包括同性朋友和异性朋友。交朋结友的闲暇活动包括泡酒吧、泡茶馆、打牌、听音乐会、看电影、看歌剧、聊天等。

英国牛津大学学者邓巴(Dunbar)有一个著名的研究成果"邓巴数字",或称

"150定律",其核心内容是,人最多能与148个人进行密切交往。由于时间、人类的认知能力有限,一个人只能和约150个人保持稳定、紧密的关系。这个定律即使在通信科技相当发达的时代仍然成立。不管手机、聊天软件上加了多少位"好友",如果按半年、一年时间统计,你就会发现,真正能与自己保持密切联系的人也就150个左右。由此可见,交朋结友其实是很消耗时间的。

7. 购物

购物,是一种拣选、购买商品或服务的行为,它既是一种经济行为,又是一种休闲活动。

中国古代最早的"城"是王宫和官员办公的地方,有城墙,并且有士兵守卫。城外会开辟几个地方,叫作"市","市"是人们交易、购物的场所。西汉时期,长安设九市。魏晋南北朝时期有一首乐府民歌叫作《木兰辞》,其对于市有具体的描述:"东市买骏马,西市买鞍鞯,南市买辔头,北市买长鞭。"这说明"市"是围绕着城的四周。随着建造技术提升、国力日益强大,"市"和居民区合在一起,都在武装保护范围。于是,"城市"就成了一个整体的概念。尤其到了唐朝,城市规划非常发达,从长安城的布局中可以清楚地看到,城市的规划井井有条,"市"不是在东南西北都设,而是集中为"东市"和"西市"。购物,要么去"东市",要么去"西市"。口语"买东西",就源于此。东市因为靠近政府办公区,卖的商品偏高档,而且文化、艺术产品居多。西市靠近居民区,烟火气重,商品种类繁多,人流量大,生意红火。因此,有"东贵西富"之说。

本书讨论的购物,与传统的购物概念有所不同,是指长三角高管人员在闲暇时光,为心仪的人、自己购买生活必需品之外的高档商品。购买生活必需品的购物不在本书的研究范围之内。

8. 艺术品鉴赏和收藏

艺术品鉴赏和收藏是人们闲暇消费的一种重要方式。常言道:"乱世藏金,盛世藏宝。"乱世,货币快速贬值,黄金价格相对稳定,而且便于携带。由于古董、艺术品等稀有资源的收藏对保管的安全性要求很高,因此乱世收藏很不方便,它只适合盛世。这说明,艺术品收藏的流行是一个国家、一个时代繁荣昌盛的象征。例如,"古玩"是指今人收藏的古代人喜爱和欣赏的玉器之类的珍贵东西,是艺术品鉴赏和收藏一个重要的组成部分。"玩"这个字属"王"字旁,也就是从"玉"部。由此可见,古人的"玩"和把玩玉器有关,说明古人的"玩"早就包含"艺术品鉴赏和收藏"这一项目。

艺术品鉴赏和收藏的内容包括金属类器具、瓷器、家具、书画、玉器、工艺品等。鉴赏和收藏的心理包括兴趣、怀旧、保值(增值)、虚荣、求全、养生、自我实现。真正的鉴赏和收藏是获得文化愉悦感,不是满足占有的物欲。只有保持淡泊的平常心,才能欣赏、收藏到有品位的藏品,也能提升自身的品位。收藏三部曲,即收藏过程划分为三个阶段,按其顺序包括经济型、审美型、教徒型。其具体解释为:经济上的期望、美学上的造诣、宗教式的觉悟。

二、长三角高管人员闲暇消费项目在"T-S-P 三维图"中的分布

我们运用"T-S-P 三维图",分析长三角高管人员闲暇时光消费项目的分布情况及其规律。

(一)第一组合品与十二个时空的组合

第一组合品与十二个时空的组合如图 5.1 所示:

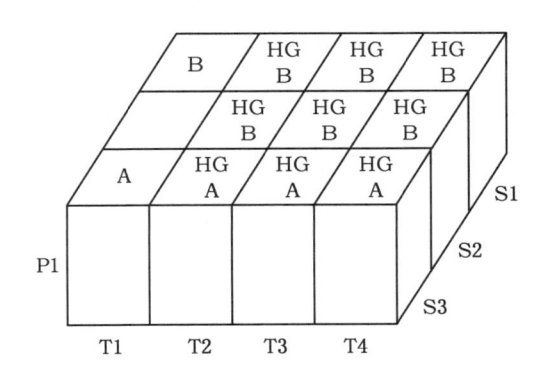

注:A. 豪宅休闲;B. 豪车休闲;G. 购物;H. 艺术品鉴赏与收藏。
图 5.1　第一组合品与十二个时空的组合

如图 5.1 所示,省时耗钱品在四个时间和三个空间中的分布比较集中。长三角高管人员闲暇消费的省时耗钱品包括豪宅、豪车、购物、艺术品鉴赏与收藏。

1. 豪宅休闲

豪宅休闲作为省时耗钱品主要分布在第三空间(家庭地 S3)。其分布的时间和空间如下:

(1)T1S3:生存必需时间(第一时间 T1)在第三空间(家庭地 S3)度过。例如,在豪宅中匆匆地吃早餐。

(2)T2S3:社会义务时间(第二时间 T2)在第三空间(家庭地 S3)度过。例如,在豪宅中办公。

(3)T3S3:闲暇时间(第三时间 T3)在第三空间(家庭地 S3)度过。例如,在豪宅中稍事休息。

(4)T4S3:家庭义务时间(第四时间 T4)在第三空间(家庭地 S3)度过。例如,在豪宅中陪家人聊天。

2. 豪车休闲

豪车休闲作为省时耗钱品主要分布在第二空间(工作地 S2)、第一空间(休闲地 S1)。其分布的时间和空间如下:

(1)T2S2:社会义务时间(第二时间 T2)在第二空间(工作地 S2)度过。例如,开豪车上班,且路途较短。

(2)T3S2:闲暇时间(第三时间 T3)在第二空间(工作地 S2)度过。例如,星期天开豪车去单位和朋友聚会,且路途较短。

(3)T4S2:家庭义务时间(第四时间 T4)在第二空间(工作地 S2)度过。例如,开豪车陪太太去单位和朋友聚会,且路途较短。

(4)T1S1:生存必需时间(第一时间 T1)在第一空间(休闲地 S1)度过。例如,开豪车在旅游胜地游玩时,在车中小憩。

(5)T2S1:社会义务时间(第二时间 T2)在第一空间(休闲地 S1)度过。例如,开豪车在旅游胜地短暂会晤客户。

(6)T3S1:闲暇时间(第三时间 T3)在第一空间(休闲地 S1)度过。例如,在假期,开豪车在旅游胜地短暂游玩。

(7)T4S1:家庭义务时间(第四时间 T4)在第一空间(休闲地 S1)度过。例如,开豪车在旅游胜地陪家人短暂游玩。

3. 购物

购物作为省时耗钱品主要分布在第一空间(休闲地 S1)、第二空间(工作地 S2)、第三空间(家庭地 S3)。其分布的时间和空间如下:

(1)T2S1:社会义务时间(第二时间 T2)在第一空间(休闲地 S1)度过。例如,出差时,在旅游胜地快速购买奢侈品。

(2)T3S1:闲暇时间(第三时间 T3)在第一空间(休闲地 S1)度过。例如,假期时,在旅游胜地快速购买奢侈品。

(3)T4S1:家庭义务时间(第四时间 T4)在第一空间(休闲地 S1)度过。例如,陪家人在旅游胜地快速购买奢侈品。

(4)T2S2:社会义务时间(第二时间 T2)在第二空间(工作地 S2)度过。例如,在出差的途中,快速购买奢侈品。

(5)T3S2:闲暇时间(第三时间 T3)在第二空间(工作地 S2)度过。例如,休假期间,在办公场所快速网购奢侈品。

(6)T4S2:家庭义务时间(第四时间 T4)在第二空间(工作地 S2)度过。例如,与家人在办公场所网购奢侈品。

(7)T2S3:社会义务时间(第二时间 T2)在第三空间(家庭地 S3)度过。例如,在家办公时,快速网购奢侈品。

(8)T3S3:闲暇时间(第三时间 T3)在第三空间(家庭地 S3)度过。例如,休假期间,在家快速网购奢侈品。

(9)T4S3:家庭义务时间(第四时间 T4)在第三空间(家庭地 S3)度过。例如,与家人在家快速网购奢侈品。

4. 艺术品鉴赏与收藏

艺术品鉴赏与收藏作为省时耗钱品主要分布在社会义务时间（第二时间 T2）、闲暇时间（第三时间 T3）和家庭义务时间（第四时间 T4）。其分布的时间和空间如下：

(1) T2S1：社会义务时间（第二时间 T2）在第一空间（休闲地 S1）度过。例如，出差时在旅游胜地快速购得艺术品。

(2) T3S1：闲暇时间（第三时间 T3）在第一空间（休闲地 S1）度过。例如，休假时在旅游胜地快速购得艺术品。

(3) T4S1：家庭义务时间（第四时间 T4）在第一空间（休闲地 S1）度过。例如，与家人在旅游胜地快速购得艺术品。

(4) T2S2：社会义务时间（第二时间 T2）在第二空间（工作地 S2）度过。例如，上班时快速网购艺术品。

(5) T3S2：闲暇时间（第三时间 T3）在第二空间（工作地 S2）度过。例如，周末在办公室快速网购艺术品。

(6) T4S2：家庭义务时间（第四时间 T4）在第二空间（工作地 S2）度过。例如，周末与家人在办公室快速网购艺术品。

(7) T2S3：社会义务时间（第二时间 T2）在第三空间（家庭地 S3）度过。例如，在家上班时快速网购艺术品。

(8) T3S3：闲暇时间（第三时间 T3）在第三空间（家庭地 S3）度过。例如，周末在家快速网购艺术品。

(9) T4S3：家庭义务时间（第四时间 T4）在第三空间（家庭地 S3）度过。例如，周末在家与家人快速网购艺术品。

（二）第二组合品与十二个时空的组合

第二组合品与十二个时空的组合如图 5.2 所示：

図5.2　第二組合品与十二个时空的组合

在运用"T-S-P 三维图"分析时,笔者发现一个有趣的现象:长三角高管人员闲暇消费的省时省钱品在四个时间和三个空间中几乎难觅踪影。因此,本书的结论是:省时省钱品在长三角高管人员的闲暇消费中几乎不出现。

(三)第三组合品与十二个时空的组合

第三组合品与十二个时空的组合如图5.3所示:

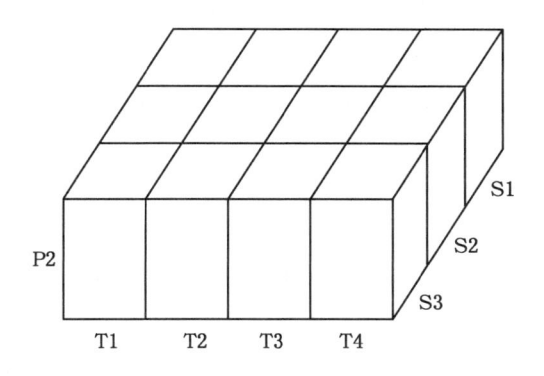

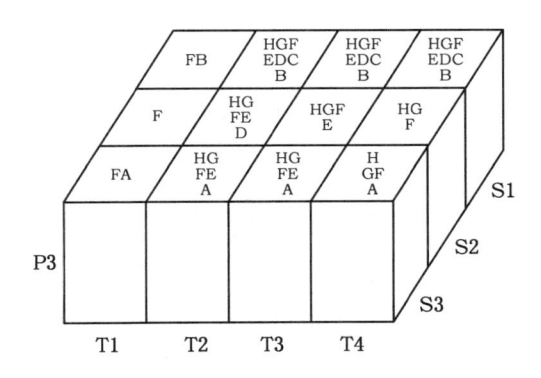

注:A. 豪宅休闲;B. 豪车休闲;C. 高尔夫运动;D. 旅游;E. 高端教育;F. 交朋结友;G. 购物;H. 艺术品鉴赏与收藏。

图5.3　第三组合品与十二个时空的组合

如图 5.3 所示,耗时耗钱品在四个时间和三个空间中的分布非常集中,而且几乎囊括了所有的闲暇消费品。

长三角高管人员闲暇消费的耗时耗钱品包括豪宅、豪车、高尔夫、旅游、高端教育、交朋结友、购物、艺术品鉴赏与收藏。

1. 豪宅休闲

豪宅休闲作为耗时耗钱品主要分布在第三空间(家庭地 S3)。其分布的时间和空间如下:

(1)T1S3:生存必需时间(第一时间 T1)在第三空间(家庭地 S3)度过。例如,在豪宅里睡觉。

(2)T2S3:社会义务时间(第二时间 T2)在第三空间(家庭地 S3)度过。例如,在豪宅里上班。

(3)T3S3:闲暇时间(第三时间 T3)在第三空间(家庭地 S3)度过。例如,在豪宅里度假。

(4)T4S3:家庭义务时间(第四时间 T4)在第三空间(家庭地 S3)度过。例如,在豪宅里陪家人。

2. 豪车休闲

豪车休闲作为耗时耗钱品主要分布在第一空间(休闲地 S1)。其分布的时间和空间如下:

(1)T1S1:生存必需时间(第一时间 T1)在第一空间(休闲地 S1)度过。例如,度假期间,在营地的豪车里宿营。

(2)T2S1:社会义务时间(第二时间 T2)在第一空间(休闲地 S1)度过。例如,公务考察时,开着豪车游览旅游胜地。

(3)T3S1:闲暇时间(第三时间 T3)在第一空间(休闲地 S1)度过。例如,度假期间,开着豪车在旅游胜地游览。

(4)T4S1:家庭义务时间(第四时间 T4)在第一空间(休闲地 S1)度过。例如,陪家人开着豪车在旅游胜地游览。

3. 高尔夫运动

高尔夫运动作为耗时耗钱品(P3)主要分布在第一空间(休闲地S1)。其分布的时间和空间如下：

(1)T2S1：社会义务时间(第二时间T2)在第一空间(休闲地S1)度过。例如，陪客户打高尔夫。

(2)T3S1：闲暇时间(第三时间T3)在第一空间(休闲地S1)度过。例如，度假时打高尔夫。

(3)T4S1：家庭义务时间(第四时间T4)在第一空间(休闲地S1)度过。例如，陪家人打高尔夫。

4. 旅游

旅游作为耗时耗钱品主要分布在第一空间(休闲地S1)，少数分布在第二空间(工作地S2)。其分布的时间和空间如下：

(1)T2S1：社会义务时间(第二时间T2)在第一空间(休闲地S1)度过。例如，陪客户去国外考察旅游。

(2)T3S1：闲暇时间(第三时间T3)在第一空间(休闲地S1)度过。例如，去国外旅游度假。

(3)T4S1：家庭义务时间(第四时间T4)在第一空间(休闲地S1)度过。例如，陪家人去国外旅游度假。

(4)T2S2：社会义务时间(第二时间T2)在第二空间(工作地S2)度过。例如，去国外开会并且商务旅游。

5. 高端教育

高端教育作为耗时耗钱品分布在三个空间。其分布的时间和空间如下：

(1)T2S1：社会义务时间(第二时间T2)在第一空间(休闲地S1)度过。例如，上班时间在度假胜地接受高端教育。

(2)T3S1：闲暇时间(第三时间T3)在第一空间(休闲地S1)度过。例如，休假时在度假胜地接受高端教育。

(3)T2S2:社会义务时间(第二时间 T2)在第二空间(工作地 S2)度过。例如,上班时间在工作地接受高端教育。

(4)T3S2:闲暇时间(第三时间 T3)在第二空间(工作地 S2)度过。例如,休假时在工作地接受高端教育。

(5)T2S3:社会义务时间(第二时间 T2)在第三空间(家庭地 S3)度过。例如,上班时在家庭地接受高端教育。

(6)T3S3:闲暇时间(第三时间 T3)在第三空间(家庭地 S3)度过。例如,休假时在家庭地接受高端教育。

6.交朋结友

交朋结友作为耗时耗钱品分布在三个空间。其分布的时间和空间如下:

(1)T1S1:生存必需时间(第一时间 T1)在第一空间(休闲地 S1)度过。例如,在休闲旅馆、度假村与朋友共进晚餐。

(2)T1S2:生存必需时间(第一时间 T1)在第二空间(工作地 S2)度过。例如,在单位的餐厅与朋友共进晚餐。

(3)T1S3:生存必需时间(第一时间 T1)在第三空间(家庭地 S3)度过。例如,在家中与朋友共进晚餐。

(4)T2S1:社会义务时间(第二时间 T2)在第一空间(休闲地 S1)度过。例如,上班时间在豪华俱乐部等休闲地与客户(朋友)交流。

(5)T2S2:社会义务时间(第二时间 T2)在第二空间(工作地 S2)度过。例如,上班时在工作单位与客户(朋友)深度交流。

(6)T2S3:社会义务时间(第二时间 T2)在第三空间(家庭地 S3)度过。例如,上班时间在家中与客户(朋友)深度交流。

(7)T3S1:闲暇时间(第三时间 T3)在第一空间(休闲地 S1)度过。例如,周末在度假村、旅游胜地等与朋友深度交流。

(8)T3S2:闲暇时间(第三时间 T3)在第二空间(工作地 S2)度过。例如,周末在办公室或在因公出差的地方与朋友深度交流。

(9)T3S3:闲暇时间(第三时间 T3)在第三空间(家庭地 S3)度过。例如,周末在家中与朋友深度交流。

(10)T4S1:家庭义务时间(第四时间 T4)在第一空间(休闲地 S1)度过。例如,在休闲地同家人一起与朋友深度交流。

(11)T4S2:家庭义务时间(第四时间 T4)在第二空间(工作地 S2)度过。例如,在工作地同家人一起与朋友深度交流。

(12)T4S3:家庭义务时间(第四时间 T4)在第三空间(家庭地 S3)度过。例如,在家庭地同家人一起与朋友深度交流。

7. 购物

购物作为耗时耗钱品主要分布在社会义务时间(第二时间 T2)、闲暇时间(第三时间 T3)和家庭义务时间(第四时间 T4)。其分布的时间和空间如下:

(1)T2S1:社会义务时间(第二时间 T2)在第一空间(休闲地 S1)度过。例如,出差时,在旅游胜地慢慢购买奢侈品。

(2)T3S1:闲暇时间(第三时间 T3)在第一空间(休闲地 S1)度过。例如,度假期间,在旅游胜地慢慢购买奢侈品。

(3)T4S1:家庭义务时间(第四时间 T4)在第一空间(休闲地 S1)度过。例如,陪家人在旅游胜地慢慢购买奢侈品。

(4)T2S2:社会义务时间(第二时间 T2)在第二空间(工作地 S2)度过。例如,上班时,陪客户(朋友)在办公室上网,精心挑选并购买奢侈品。

(5)T3S2:闲暇时间(第三时间 T3)在第二空间(工作地 S2)度过。例如,周末,在办公室上网,精心挑选并购买奢侈品。

(6)T4S2:家庭义务时间(第四时间 T4)在第二空间(工作地 S2)度过。例如,陪家人在办公室上网,精心挑选并购买奢侈品。

(7)T2S3:社会义务时间(第二时间 T2)在第三空间(家庭地 S3)度过。例如,在家办公时,上网精心挑选并购买奢侈品。

(8)T3S3:闲暇时间(第三时间 T3)在第三空间(家庭地 S3)度过。例如,周末,在家上网,精心挑选并购买奢侈品。

(9)T4S3:家庭义务时间(第四时间 T4)在第三空间(家庭地 S3)度过。例如,陪家人在家上网,精心挑选并购买奢侈品。

8. 艺术品鉴赏与收藏

艺术品鉴赏与收藏作为耗时耗钱品主要分布在社会义务时间(第二时间 T2)、闲暇时间(第三时间 T3)和家庭义务时间(第四时间 T4)。其分布的时间和空间如下:

(1)T2S1:社会义务时间(第二时间 T2)在第一空间(休闲地 S1)度过。例如,出差时,在旅游胜地慢慢选购艺术品。

(2)T3S1:闲暇时间(第三时间 T3)在第一空间(休闲地 S1)度过。例如,周末,在艺术品中心慢慢选购艺术品。

(3)T4S1:家庭义务时间(第四时间 T4)在第一空间(休闲地 S1)度过。例如,陪家人在艺术品中心慢慢选购艺术品。

(4)T2S2:社会义务时间(第二时间 T2)在第二空间(工作地 S2)度过。例如,上班时,陪客户(朋友)在办公室上网,慢慢选购艺术品。

(5)T3S2:闲暇时间(第三时间 T3)在第二空间(工作地 S2)度过。例如,周末,在办公室上网,慢慢选购艺术品。

(6)T4S2:家庭义务时间(第四时间 T4)在第二空间(工作地 S2)度过。例如,陪家人在办公室上网,慢慢选购艺术品。

(7)T2S3:社会义务时间(第二时间 T2)在第三空间(家庭地 S3)度过。例如,在家上班时,上网慢慢选购艺术品。

(8)T3S3:闲暇时间(第三时间 T3)在第三空间(家庭地 S3)度过。例如,周末,在家上网,慢慢选购艺术品。

(9)T4S3:家庭义务时间(第四时间 T4)在第三空间(家庭地 S3)度过。例如,陪家人在家上网,慢慢选购艺术品。

(四)第四组合品与十二个时空的组合

第四组合品与十二个时空的组合如图 5.4 所示。

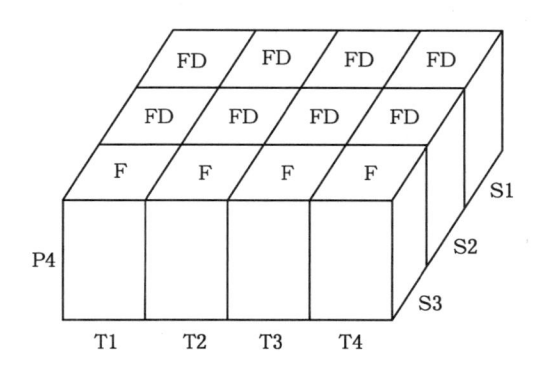

注:D. 旅游;F. 交朋结友。

图 5.4　第四组合品与十二个时空的组合

如图 5.4 所示,耗时省钱品主要是旅游和交朋结友,而且它们在四个时间和三个空间中呈均匀分布形态。

1. 旅游

旅游作为耗时省钱品主要分布在第一空间(休闲地 T1)和第二空间(工作地 S2)。其分布的时间和空间如下:

(1)T1S1:生存必需时间(第一时间 T1)在第一空间(休闲地 S1)度过。例如,国内短途旅行时,在宾馆里睡觉。

(2)T2S1:社会义务时间(第二时间 T2)在第一空间(休闲地 S1)度过。例如,出差时,忙里偷闲,到旅游地参观。

(3)T3S1:闲暇时间(第三时间 T3)在第一空间(休闲地 S1)度过。例如,周末,在近郊的公园游玩。

(4)T4S1:家庭义务时间(第四时间 T4)在第一空间(休闲地 S1)度过。例如,周末,陪家人在近郊的公园游玩。

(5)T1S2:生存必需时间(第一时间 T1)在第二空间(工作地 S2)度过。例如,在旅游胜地出差时,在公园里悠闲地喝着早茶。

(6)T2S2:社会义务时间(第二时间 T2)在第二空间(工作地 S2)度过。例如,在旅游胜地出差时,和朋友(客户)一起聊天喝茶并欣赏美景。

(7)T3S2:闲暇时间(第三时间 T3)在第二空间(工作地 S2)度过。例如,休假期间,在旅游胜地一边工作一边游玩。

(8)T4S2:家庭义务时间(第四时间 T4)在第二空间(工作地 S2)度过。例如,休假期间,陪家人在旅游胜地一边工作一边游玩。

2.交朋结友

交朋结友作为耗时省钱品可以分布在全部的时空之中,正所谓"朋友无处不在"。其分布的时间和空间如下:

(1)T1S1:生存必需时间(第一时间 T1)在第一空间(休闲地 S1)度过。例如,与朋友一起在休闲旅馆或度假村吃晚餐、聊天。

(2)T1S2:生存必需时间(第一时间 T1)在第二空间(工作地 S2)度过。例如,在单位的餐厅、出差的宾馆与朋友一起吃饭、聊天。

(3)T1S3:生存必需时间(第一时间 T1)在第三空间(家庭地 S3)度过。例如,在家里与朋友一起吃饭、聊天。

(4)T2S1:社会义务时间(第二时间 T2)在第一空间(休闲地 S1)度过。例如,上班时,在高端会所等休闲地与客户(朋友)聊天。

(5)T2S2:社会义务时间(第二时间 T2)在第二空间(工作地 S2)度过。例如,上班时,在工作单位与客户(朋友)聊天。

(6)T2S3:社会义务时间(第二时间 T2)在第三空间(家庭地 S3)度过。例如,在家上班的弹性工作方式中,在家中与客户(朋友)聊天。

(7)T3S1:闲暇时间(第三时间 T3)在第一空间(休闲地 S1)度过。例如,在度假村、旅游胜地与朋友一起休闲。

(8)T3S2:闲暇时间(第三时间 T3)在第二空间(工作地 S2)度过。例如,周末,在办公室与朋友聊天,或因公出差时与朋友聊天。

(9)T3S3:闲暇时间(第三时间 T3)在第三空间(家庭地 S3)度过。例如,节日期间,在家中与朋友一起休闲。

(10)T4S1：家庭义务时间（第四时间 T4）在第一空间（休闲地 S1）度过。例如，在休闲地与家人一起陪朋友休闲。

(11)T4S2：家庭义务时间（第四时间 T4）在第二空间（工作地 S2）度过。例如，休假时与家人在工作地陪朋友聊天。

(12)T4S3：家庭义务时间（第四时间 T4）在第三空间（家庭地 S3）度过。例如，在家中与家人一起陪朋友聊天。

三、实证分析

如前所述，某种具体的闲暇消费产品可能同时分布在不同的闲暇消费品类别之中，这取决于消费者和消费情境的特征。但可以肯定的一点就是，消费者，即本书的研究对象——长三角高管人员，在不同闲暇消费品之间做出的选择，以及消费量的大小，取决于个人的各种特征，例如性别、受教育程度、收入水平以及闲暇时间等因素。

正如科特勒（Kotler）在其著作《营销管理》开篇所描述的，消费者关注的是其问题的解决方案，而不是具体的产品形式。实证研究分析的是高管人员的各种特征，例如受教育程度、性别、收入水平和闲暇时间对其选择闲暇消费品的影响。由于闲暇消费是定义在"有钱、有时间、有格调、有心情"的基础上的消费，因此高管人员在四类闲暇消费品中选择哪一类或哪几类，以及在每类的支出分配是多少，取决于其收入水平、闲暇时间的多少、个人的性格特征等。如果我们将高管人员在耗时省钱、省时省钱、耗时耗钱以及省时耗钱的闲暇消费品上的支出分别定义为 $E_{T_cM_s}$、$E_{T_sM_s}$、$E_{T_cM_c}$、$E_{T_sM_c}$，则得出：

$$\begin{cases} E_{T_cM_s} = \alpha_{10} + \alpha_{11} SexDummy + \alpha_{12} Education + \alpha_{13} WageRate + \alpha_{14} LeisureTime + \varepsilon_1 \\ E_{T_sM_s} = \alpha_{40} + \alpha_{41} SexDummy + \alpha_{42} Education + \alpha_{43} WageRate + \alpha_{44} LeisureTime + \varepsilon_4 \\ E_{T_cM_c} = \alpha_{20} + \alpha_{21} SexDummy + \alpha_{22} Education + \alpha_{23} WageRate + \alpha_{24} LeisureTime + \varepsilon_2 \\ E_{T_sM_c} = \alpha_{30} + \alpha_{31} SexDummy + \alpha_{32} Education + \alpha_{33} WageRate + \alpha_{34} LeisureTime + \varepsilon_3 \end{cases}$$

由上节的分析可知,各类闲暇消费在省时省钱品的区间中的分布几乎为零,因此,在进行实证分析时,基本不考虑这类产品。

假定总的闲暇消费为 E_{TM},那么我们要研究的问题也可界定为以下公式:

$$\begin{cases} E_{TM} = \alpha_0 + \alpha_1 SexDummy + \alpha_2 Education + \alpha_3 WageRate + \alpha_4 LeisureTime + \varepsilon \\ E_{T_s M_s} = \alpha_{10} + \alpha_{11} SexDummy + \alpha_{12} Education + \alpha_{13} WageRate + \alpha_{14} LeisureTime + \varepsilon_1 \\ E_{T_c M_c} = \alpha_{20} + \alpha_{21} SexDummy + \alpha_{22} Education + \alpha_{23} WageRate + \alpha_{24} LeisureTime + \varepsilon_2 \\ E_{T_s M_c} = \alpha_{30} + \alpha_{31} SexDummy + \alpha_{32} Education + \alpha_{33} WageRate + \alpha_{34} LeisureTime + \varepsilon_3 \end{cases}$$

上述方程中,参数 $SexDummy$ 为性别虚拟变量,如果高管为女性则参数值为 0,否则为 1;参数 $Education$ 为高管的受教育程度;参数 $WageRate$ 为高管的收入水平;参数 $LeisureTime$ 为高管每月的闲暇时间。

本书选择长三角高层管理人员(含:企业总裁、副总裁、财务总监、董事会秘书、行政事业单位领导等)为抽样范围,开展问卷调查。发放 500 份问卷,有效回收率约为 72%(调查问卷详见附件)。表 5.1 为数据样本的描述性分析。

表 5.1　　　　　　　　　　数据样本描述性分析

性别	男	女			
	82.8%	17.2%			
年龄	29 岁及以下	30～39 岁	40～49 岁	50～59 岁	60 岁及以上
	6.9%	41.4%	44.8%	6.8%	0
学历	大专及以下	本科	硕士	博士及以上	
	14.2%	48.3%	34.5%	3%	
工作单位性质	国企	民企	外企	行政事业单位	其他
	41.4%	41.4%	10.3%	6.9%	0
	均值	标准差	最小值	最大值	
月收入(元)	61 925.29	78 187.27	12 500	250 000	
月闲暇时间(小时)	122.896 6	79.058	36	360	

经过数据收集、整理,得出以下参数(见表5.2):

表5.2 长三角高管人员闲暇消费实证分析参数表

项目	系数	t值	$P>\|t\|$	项目	系数	t值	$P>\|t\|$
耗钱耗时品				耗钱省时品			
性别	2 591.796	0.5	0.615	性别	894.318 5	0.14	0.892
学历	641.133 8	0.28	0.776	学历	−1 912.49	−0.66	0.508
公司性质	5 234.472	2.56	0.01	公司性质	638.387 6	0.24	0.808
月收入	0.098 585	4.94	0	月收入	0.045 533	1.78	0.076
月闲暇时间	110.776 2	4.22	0	月闲暇时间	26.776 84	0.79	0.427
常数项	−18 300.1	−1.74	0.081	常数项	25 778.28	1.91	0.056
省钱耗时品				省钱省时品			
性别	218.805	0.73	0.464	性别	954.878 5	2.28	0.023
学历	77.221 13	0.59	0.554	学历	−115.491	−0.63	0.528
公司性质	−136.863	−1.16	0.248	公司性质	277.745 7	1.67	0.094
月收入	−0.002 14	−1.85	0.064	月收入	−0.001 24	−0.76	0.446
月闲暇时间	2.054 647	1.35	0.177	月闲暇时间	0.820 34	0.38	0.701
常数项	57.981 33	0.1	0.924	常数项	−449.961	−0.53	0.598

使用看似不相关回归分析法,我们同时估计了耗钱耗时品、耗钱省时品、省钱耗时品以及省钱省时品受高管人员的性别、所属公司性质、收入和闲暇时间等影响的四个方程构成的方程组,可见我们的假设几乎都得到了支持,下面分别说明。

就耗钱耗时品而言,性别和学历对其支出的影响不显著,而公司性质、月收入、闲暇时间都对其支出有正向的影响,而且影响是非常显著的。国企高管可能会注意其闲暇消费方式的社会影响,因此他们对耗钱耗时品的选择相较于民企和外企会更少;由于耗钱耗时品的特征,因此收入以及闲暇时间的增加都会导致该类消费品消费支出的上升。常数项为负且显著,说明高管对耗钱耗时品的选择必须是在收入和闲暇时间达到一定的水平才会支出,这也说明耗钱耗时品对高管来说也是需要仔细考虑才会选择的产品,受其资源的影响比较显著。

就耗钱省时品而言,只有月收入和常数项是显著的,闲暇时间并不显著影响该商品的选择,收入对该类产品支出的影响符合我们的直观认识,需要略作解释的就是为正的常数项。这在一定程度上说明耗钱省时品对高管来说类似于"必需品",不论其本意是炫耀或是省时。这与耗钱耗时品差别很大,耗钱省时品不会受到高管的可用资源的太多约束,尤其是时间资源的约束。

就省钱耗时品而言,闲暇时间对其支出有轻微的正向影响,而收入对其有负向影响,其他因素则对其几乎没有影响。这与我们的认识是相吻合的。在我们的调查数据中,高管选择消费该类产品的人数并不多,而且该类闲暇消费品的数量有限,随着收入的增加,高管们大多放弃对这类产品的消费而选择更贵的产品。由于此类产品耗时,因此在收入不变的情况下,闲暇时间对该类产品的消费会有正向影响。

就省钱省时品而言,性别和公司性质对该类产品的消费有正向显著影响,而其他因素则对其没有显著的影响。高管人员很少选择这类产品,无论其闲暇时间和收入是否有变化,他们可能都不会改变对这类产品的消费支出。而影响该类产品支出的只是人口统计方面的特征以及所处的工作环境,如性别和公司性质等因素。

第二节 长三角高管人员闲暇消费需求分析

一、经典的需求理论

1943年,美国心理学家马斯洛(Maslow)提出了"马斯洛需求层次理论",把需求由低到高分成生理需求、安全需求、社交需求、尊重需求和自我实现需求五类。其中,第一和第二层次的需求是低层次的需要,第三、第四和第五层次的需求是高层次的需要。

1959年，美国学者弗赫茨伯格（Herzberg）提出"双因素理论"，又称"激励保健理论"，他认为引起人们工作动机的因素主要有两个：一是保健因素。这种因素只能为人消除不满意感，如果没有，会让人"不满意"；如果有，也不会让人满意，而是"没有不满意"。保健因素满足后，也难以激发员工的积极性。比如工资、奖金、福利、放假等，如果得不到满足，容易使员工产生不满情绪。不知足是人性，如果保健因素满足了，员工也会不满足。由于它只是有预防性，只起维持工作现状的作用，因此也被称为"维持因素"。二是激励因素。这种因素才能给人们带来满意感，如果有，会让人"满意"；如果没有，也不会令人不满意，而是"没有满意"。比如表现机会、工作乐趣、成就感、责任感、对未来充满希望等。如果组织能提供这些元素，就会极大地激发员工的工作热情；如果组织不能提供这些元素，员工也不会产生不满情绪。

传统理论认为："满意"的对立面是"不满意"。双因素理论则认为："满意"的对立面是"没有满意"，"不满意"的对立面是"没有不满意"。

马斯洛的需求层次理论与赫茨伯格的双因素理论有相通之处：双因素理论中的保健因素与需求层次理论中的低层次需要接近；双因素理论中的激励因素与需求层次理论中的高层次需要接近。

二、工作和闲暇的边际收益分析

假如不工作就没有收入，这时，人们就会有生存危机。当人们开始工作，工作时间不长的时候，人们得到的收入首先会用于迫切需要的消费，从中得到的满足很大，工作时间的边际效应递增，工作带来的收益大于不工作带来的满足，人们会继续工作。随着工作时间延长，收入继续增加，增加的收入用来购买的物品不是生活的必需品，相对来说也就不那么重要。因此，工作带来的满足感下降，工作时间的边际效应递减，工作带来的收益小于不工作带来的满足，人们会有减少工作的意愿。这时，工作时间就越过了tw（见图5.5）。

闲暇创造价值

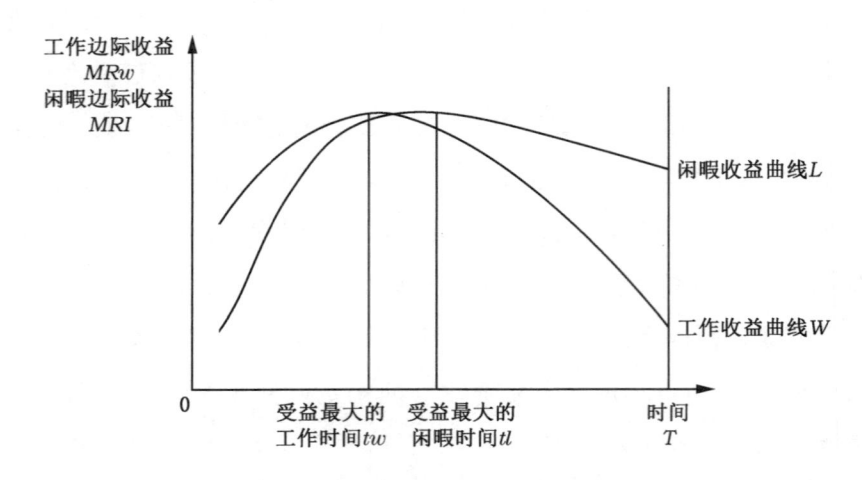

图 5.5 工作、闲暇的边际收益曲线图

闲暇时间越短,闲暇给人们带来的满足感、舒适感越强,闲暇时间的边际效应递增。亚里士多德说:"自然界厌恶真空。"这是生活中一个常见的现象,只要出现真空,其他物质,比如空气、水等就会填充进去。人也是一样,如果闲暇时间太长,而闲暇消费内容不丰富和有趣,人们就会产生无聊、空虚、厌烦的感觉,从闲暇中得到的满足感越来越少,闲暇的边际效应递减。这时,闲暇时间就越过了 tw。

由于时间的强约束性,即工作时间和闲暇时间之和等于一个恒量,而且从工作中得到的边际收益和从闲暇中得到的边际收益之和最大,因此,人们的工作效用和闲暇效用之和达到最大值。公式如下:

$$tw + tl = N \tag{1}$$

$$\max(MR) = \sum(MRx, MRL) \tag{2}$$

公式(1)为强约束,公式(2)为弱约束。即不考虑闲暇时间的心理延展情况,要满足工作时间和闲暇时间之和等于一个恒量的条件,这个是刚性的。我们要寻找或者调整的是从工作中得到的边际收益和从闲暇中得到的边际收益之和最大化。

图 5.5 中包含工作的边际收益曲线图和闲暇的边际收益曲线图,经比较发现两条曲线的变化规律如下:

规律一:需求层次影响两条曲线的变化。低层次需求得到满足后才会产生高层次需求。在人们将得到的收入用于满足生存需要消费时,工作及其收获带来的快乐感大于闲暇带来的快乐感。在这种情况下,工作边际收益曲线在闲暇边际收益曲线的上面。当人们不是为生存需要而工作时,闲暇带来的快乐感要大于工作带来的快乐感。在这种情况下,闲暇边际收益曲线在工作边际收益曲线的上面。

规律二:时间的长短对工作边际收益曲线和闲暇边际收益曲线产生影响。当工作时间不太长,人也不太累的时候,工作带来的快乐感要大于闲暇带来的快乐感。即当 t 比较小的时候,工作边际收益曲线在闲暇边际收益曲线的上面。根据"人的本性是喜欢闲暇而不爱工作"的假设,当工作时间太长,人会感到疲劳,工作带来的快乐感大大下降,工作边际收益曲线快速衰减。当闲暇时间太长,人会感到无聊,闲暇带来的快乐感也会有所下降,闲暇边际收益曲线也会衰减,但是,衰减的速度相对较慢。即当 t 比较大的时候,工作边际收益曲线在闲暇边际收益曲线的下面。

三、闲暇消费需求层次分析

闲暇消费是人们在闲暇时间,为满足高层次的需求,而进行的有货币支出的消费体验。其消费对象主要是享受资料和发展资料,而不是基本生存资料。在闲暇时间为基本生存而进行的消费不是闲暇消费。根据经典的需求理论,本书把闲暇消费需求分为怡悦的需求、尊重的需求和发展的需求三个层次。怡悦的需求是指愉悦自我,放松、娱乐、惬意地休息等;尊重的需求是指表现自我,获得社会的尊重等;发展的需求是指提高自我,实现自我,创造和发展自身的智力与才能等。

(一)怡悦的需求

怡悦的需求是闲暇消费最基本的需求,它是一种"愉悦自我"的需求。追求闲暇消费的享受功能是人性的体现。怡悦的需求以马斯洛的"低层次需要"(即

"生存的需求、安全和保障的需求")为理论基础,怡悦的需求绝不是"低层次需要",而是高于"低层次需要"。在闲暇消费需求中,"怡悦的需求"是基础的需求。

　　闲暇消费的怡悦需求最大的特点是:自己开心就行,不要关注别人的态度,不要关心别人是否理解、喜欢这种愉悦。自我怡悦可以从中国传统文化中追根溯源,道家的思想中,有很多关于自我怡悦的阐述。《庄子》讲述了这样一个故事。

　　庄子钓于濮水,楚王使大夫二人往先焉,曰:"愿以境内累矣!"庄子持竿不顾,曰:"吾闻楚有神龟,死已三千岁矣,王巾笥而藏之庙堂之上。此龟者,宁其死为留骨而贵,宁其生而曳尾涂中乎?"二大夫余曰:"宁生而曳尾涂中。"庄子曰:"往矣!吾将曳尾于涂中。"

　　庄子在濮水边钓鱼,楚王派了两位大夫前往,请庄子出山做官,他们恭恭敬敬地说:"要麻烦先生了,请您辛苦一下,去帮助我们国君处理国家大事。"庄子不管不顾,继续钓鱼。看到他俩没有离开的意思,庄子就问:"我听说楚国有一种神龟,活了三千多年,不知怎么突然死了。你们大王小心翼翼地把死龟放在竹盒子里,用丝巾包裹起来,并珍藏在庙堂上面。请问,这只乌龟是宁愿死去,留下遗骨被人供奉呢?还是宁愿活着,拖着尾巴在泥地里快乐地打滚呢?"两位大夫说:"那当然是宁愿活着,拖着尾巴在泥地里快乐地打滚。"庄子说:"二位请回吧!我还是拖着尾巴在泥地里快乐地打滚吧。"

　　这个故事含义太深刻了!很多人不理解:为什么庄子有官不做,却在濮水边钓鱼?因为普通人无法进入庄子的世界,无法理解这种自由自在的怡悦。庄子也无需向普通人解释这种怡悦。

　　南北朝时期的陶弘景隐居在偏僻的句曲山(即今天的江苏茅山)华阳洞,自号"华阳陶隐居"。梁武帝萧衍即位,对陶弘景礼遇备至,每逢大事不能决断,便往华阳洞咨询。因此,当时的陶弘景有"山中宰相"之称。梁武帝数次礼聘他下山:你不愿意做官没关系,我在交通便利、离我近一点的地方,给你建一栋房子。你看,我来一次太不容易了。陶弘景执意不出,梁武帝困惑不解:山里的条件这么差,什么都没有,你有什么好留恋的?陶弘景赋诗答道:"山中何所有,岭上多白云。只可自怡悦,不堪持赠君。"(《诏问山中何所有赋诗以答》)幽静的山中有什么神奇之物让我依依不舍?那就是峻岭之上悠悠萦绕的白云。只能在内心怡然愉悦,无法摘下来赠送与您。陶弘景告诉世人:很多愉悦是无以言表的。这种无以言表的自我怡悦,才是真正的愉悦。这个"持"字用得非常妙,如果一个东西被持有、占有,那么它带给人们的愉悦感有限,无法持有的东西带给人的愉悦感反而是长久的、持续的。也许有人会说,皇宫里、闹市中不也有白云吗?一样的白云呀!不一样。环境不同,心情不同。同是那个明月,为什么杜甫说:"月是故乡明"?(《月夜忆舍弟》)在故乡看,与流落他乡时看,心境完全不一样,愉悦感天差地别。

陶弘景的"只可自怡悦"、李白的"举杯邀明月"、苏轼的"明月清风我"是独自欣赏白云、明月、清风的愉悦。苏轼的"风月平分破"是与好友袁公济分享清风、明月的愉悦。孟子的"与民同乐"是对齐宣王循循善诱,要他与民众一起愉悦。其核心思想都是发自内心的愉悦。

(二)尊重的需求

尊重的需求是闲暇消费中一个较高层次的需求,它是一种"表现自我"的需求。比如,穿衣作为一种基本消费,是用来遮体和保暖,是一种原始的价值,即"物理价值"。穿世界名牌服装,则是一种闲暇消费,不仅仅是遮体、保暖,而且是对自己的美化,是获取群体的认同或者展现自我个性,它是一种"社会价值"。同样,吃饭作为一种基本消费,是满足生存的需要。然而,当"吃"上升为:吃什么?和谁一起吃?这时,它就不是为了吃饱,而是被赋予"社会含义"。

亚当斯说:"在生活中,报酬,是别人对你的尊重和赞赏,忽略和轻视,则是对你的惩罚。渴求他人尊重的欲望就像天然的饥饿感那样真实,而世人的忽略和轻视则像痛风病或结石一样引发剧痛。"凡勃伦在《有闲阶级论》中提出了炫耀性消费的现象,即有闲阶级刻意用脱离生产活动来表现自己拥有财富和权力的消费。他把炫耀性消费定义为一种社会行为,即上层社会的贵族们——"有闲阶级",为博得荣誉、获得自我满足,通过消费行为向人们展示消费者的身份,体现他们的金钱、权力、地位等。炫耀性消费的明显特点是消费非必需品、奢侈品,而且,炫耀者还希望普通人知道其消费的是奢侈品。这就是为什么很多奢侈品广告不是为了给买得起奢侈品的群体看,恰恰相反,而是给买不起奢侈品的大众看。

由"需求—动机—行为"模型(需求决定动机,动机决定行为)可知,炫耀性消费行为来自于博得荣誉的动机,而博得荣誉的动机则来自于尊重的需求。

炫耀性消费颇具争议,而且词性也偏贬义。然而,闲暇消费进入较高层次后,超越消费本身,成为一种特殊的消费需求,这种闲暇消费可以获得大众的尊重或者是特定人群的尊重,这就是"符号的消费"。根据鲍德里亚(Baudrillard)的消费理论,在消费社会,人们消费商品如果仅仅是满足消费功能的实用性,就意味着要面对的仅仅是对某一种物质的消费,以及为了获得这种物质而工作,这就容易产生消费物质的虚无感。消费哲学的活力在于它将物质消费转化为一种意识形态意义的美学消费,在鲍德里亚看来,消费社会的人,消费的不是商品而是商品的符号价值。因此,炫耀性消费者并不一定是真的喜欢大牌奢侈品的用料和设计,而是希望这些大牌能给自己树立个人形象。

(三)发展的需求

发展的需求是闲暇消费中最高层次的需求,它是一种"提升自我"的需求。

恩格斯对闲暇消费的发展需求层次提出过要求:"社会主义社会,不仅进行大规模生产以充分满足全体社会成员丰裕的消费和造成充分的储备,而且使每个人都有充分的闲暇时间从历史上遗留下来的文化(科学、技术、交际方式等)中承受一切真正有价值的东西,不仅是承受,而且还要把这一切从统治阶级的独占品变成全社会的共同财富,并促使它进一步发展。"[①]

正是因为"有闲"的、优秀的知识分子等社会精英,静下心来思考和研究科

---

① 中共中央马克思恩格斯列宁斯大林著作编译局.马克思恩格斯选集:第2卷[M].北京:人民出版社,1972:479.

学、文化、艺术,所以,为人类留下了宝贵的精神财富和物质财富。正是因为"有钱、有闲"、在社会金字塔顶部的人们,在闲暇消费中不断地"提升自我",所以有品位、高层次的闲暇消费品和闲暇消费方式产生。他们这样做,可能只是想"独享"这些有品位、高层次的闲暇消费品和闲暇消费方式,一开始,他们确实达到了这个目的;慢慢地,这些"独占品"就被大众熟悉和认可,变成了"流行品";最后,这些"流行品"成为全社会共同的财富。他们又不断地"提升自我",创造新的"独占品"。于是,社会不断发展、进步。这也是本书持续追踪、关注、研究长三角高管人员闲暇消费方式的重要原因之一。

法国作家巴特(Barthes)说:"有点钱,不要太多。有点权力,也不要太多。但是,要有大量的闲暇。"他希望拥有闲暇后,读书、写作、交友、喝酒、听音乐、旅行等。这才是有品位的生活,这就是他所希望的理想生活。

美国作家福塞尔在其著作《格调》中说,金钱和权力在商业社会里很有必要,否则,人会生活得没有安全感甚至没有尊严。但是,无休止追逐权、钱而缺少品位也不值得。一个人如果没有文化品位与生活格调,仅仅有钱财并不能提高其社会地位、社会等级。一个人如果有教养、有品位、有格调,就会受到他人的尊重和欣赏,不需拥有太多钱,就可以达到较高的社会地位。

通过福塞尔的观察和研究,可以得出一个结论:金钱和权利只是对人们的社会地位和社会等级产生"锚定"的作用。"教养、品位、格调"则会让人们的地位、等级发生上下波动,而且,可以产生较大的波动:有"教养、品位、格调"的人可以上升好几个台阶,否则,就会掉落好几个台阶。在中国,品德也是一个重要的参数。如果是"为富不仁""贪官污吏",钱再多、官再大,也会遭到社会和历史的唾弃。

因此,发展的需求是闲暇消费中最高层次的需求,而消费进入这个层次后,并不需要太多的物质消耗,也不需要拥有很多的财富,这也是闲暇消费的终极目标。

四、长三角高管人员闲暇消费需求、动机、行为的关系分析

长三角高管人员闲暇消费项目体现了他们的消费行为,满足闲暇消费三类需求是他们闲暇消费的动机,三类闲暇消费需求则是整个行为过程的起点。由"需求—动机—行为"模型可知,长三角高管人员由于有闲暇消费的三类需求(即怡悦的需求、尊重的需求、发展的需求),因此产生了要满足这些闲暇消费需求的动机(即满足怡悦需求的动机、满足尊重需求的动机、满足发展需求的动机),这决定了长三角高管人员的闲暇消费行为,即对消费项目和内容的选择(即豪宅、豪车、高尔夫、旅游、高端教育、交朋结友、购物、艺术品鉴赏与收藏)。

调查分析长三角高管人员的消费行为,可以得出消费需求、消费动机及消费行为之间的关系(见图 5.6)。

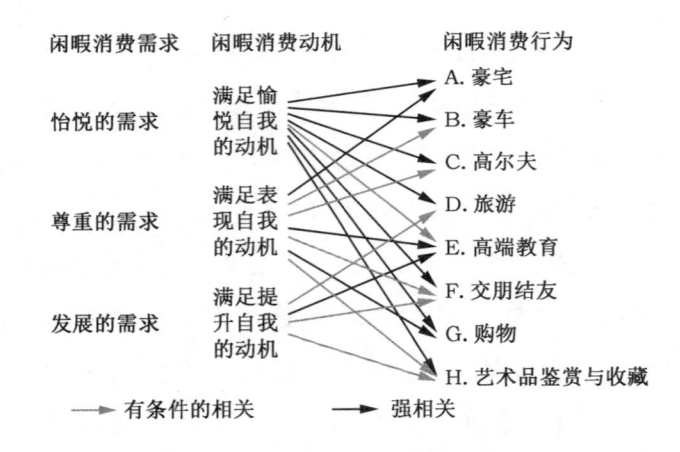

图 5.6 长三角高管人员闲暇消费需求、消费动机及消费行为的相关性分析图

长三角高管人员闲暇项目和闲暇消费需求层次关系分析如下:

(1)豪宅。豪宅的消费动机主要是满足闲暇消费的怡悦需求。由于豪宅的价格昂贵,是普通消费者无法实现的消费,因此,豪宅的消费也实现了尊重需求的动机。

(2)豪车。豪车的消费动机主要是满足怡悦需求,如果豪车的价格昂贵到普

通消费者没有能力购买,豪车的消费也就实现了满足尊重需求的动机。

(3)高尔夫。高尔夫的消费主要是满足锻炼身体、交朋结友等怡悦需求的动机,由于高尔夫的消费价格目前仍然较贵,因此它也能实现尊重的需求。随着这一消费的普及化和平民化,其满足尊重需求的功能逐渐减弱。

(4)旅游。旅游的消费已经普及,它主要满足怡悦需求的动机,如果旅游的消费还有开阔视野、学习、考察、交流等目的,则它还能完成满足发展需求的动机。

(5)高端教育。高端教育的消费使人学到了知识,提高了品位,因此,其主要功能是满足了发展的需求。由于许多高端教育有一定的入学门槛,需要支付昂贵的学费,因此,它还能满足尊重的需求。如果授课老师不仅博学多才,而且风趣幽默,则高端教育消费还能实现满足怡悦需求的动机。

(6)交朋结友。交朋结友的消费主要是为了开心、愉悦,满足怡悦的需求也是最基本的功能。一些交朋结友的消费体现出个人的优越感,该消费满足了尊重的需求。如果所结交的朋友层次很高,自己也能在与朋友的交往中学到东西,提高自己,则该消费就实现了满足发展需求的动机。

(7)购物。由于购物主要是让自己开心,因此,满足怡悦的需求是购物消费的主要动机。如果所购的物品价值很高,购买者又想与友人分享,或在外人面前炫耀,则该购物消费就满足了尊重需求的动机。

(8)艺术品鉴赏与收藏。由于艺术品收藏是一种爱好,因此,满足怡悦的需求也是其基本的动机。如果艺术品收藏是想与友人分享,或在外人面前炫耀,这种消费就满足了尊重需求的动机。如果艺术品收藏的目的是研究、益智、增长知识,或者投资,那么这种消费行为也实现了满足发展的动机。

由图 5.6 可以看出以下几个特征:

(1)某种消费行为可能对应着多个消费需求;

(2)怡悦的需求几乎对应着每个消费行为;

(3)当某个消费行为能对应全部层次的消费需求,这个消费项目的顾客感知价值最大；

（4）某些消费行为与某些消费需求是强相关关系，某些消费行为与某些消费需求是弱相关关系，处于弱相关关系时，会附加一些条件。

五、模型分析

（一）模型的基本分析

根据斯蒂格勒和贝克尔的"工作—闲暇"模型[①]，消费者的效用函数可表述为如下形式：

$$U=U(M,Z_1,\cdots,Z_n)$$

其中，$\{M,Z_1,\cdots,Z_n\}$为消费者使用市场产品和自己的时间生产出的各种"消费品"，以满足自己各方面的需求。M代表满足基本生活需要的"消费品"，而$\{Z_1,\cdots,Z_n\}$是满足消费者闲暇消费需要的"消费品"，即本书关注的重点。

不论是生产满足基本生活需要的"消费品"，还是生产满足闲暇消费需要的"消费品"，生产函数如下：

$$\left.\begin{aligned} M &= f^M(x_1^M,\cdots,x_l^M,t_1^M,\cdots,t_l^M,E) \\ Z_j &= f^Z(x_{j1}^Z,\cdots,x_{js}^Z,t_{j1}^Z,\cdots,t_{js}^Z,E) \end{aligned}\right\} \quad (1)$$

该方程中，x表示生产该消费品所需的市场产品，t表示生产消费品所需的时间，而E则表示影响生产消费品的其他一些因素，如消费者的受教育程度等。

消费者面临财富和时间两方面的约束。

从财富方面来说，消费者的预算约束条件如下所示：

$$\sum_{i=1}^s \sum_{j=1}^n p_{x_i^Z} x_{ji}^Z + \sum_{k=1}^l p_{x_k^M} x_k^M = wt_w + b$$

方程左边表示的是消费者用在购买市场产品上的支出，其中，$p_M x^M$表示满足基本生活需要的"消费品"的支出，$p_Z x^Z$表示满足闲暇消费需要的"消费品"的

[①] Stigler J, Becker G S. De Gustibus Non Est Disputandum[J]. *American Economic Review*, 1977, 67(2): 76—90.

支出。方程右边则表示消费者的劳动收入及其财产收入,其中,w 表示工资率,t_w 表示用于工作的时间;b 表示其他收入,如财产性收入等。

同时,消费者的时间约束满足:

$$\sum_{i=1}^{s}\sum_{j=1}^{n}t_{ji}^{Z}+\sum_{k=1}^{l}t_{k}^{M}+t_w=t$$

等式左边表示消费者用于生产消费品和用于工作的时间的总和。其中,t^M 表示生产基本生活需要的"消费品"的时间,t^Z 表示生产闲暇消费需要的"消费品"的时间。

将时间约束代入预算约束,可以得到:

$$\sum_{i=1}^{s}\sum_{j=1}^{n}(p_{x_i^Z}x_{ji}^Z+wt_{ji}^Z)+\sum_{k=1}^{l}(p_{x_k^M}x_k^M+wt_k^M)=wt+b=Y \quad (2)$$

方程(2)的右边表示消费者的"总财富",左边表示"总支出"。

结合上述分析,我们可以将消费者在闲暇时间以及财富上的分配问题写成如下的最优化问题:

$$\left.\begin{array}{l}\max\limits_{\{x^M,x^Z,t^M,t^Z\}}U(M,Z_1,\cdots,Z_n)\\ s.t.\ M=f^M(x_1^M,\cdots,x_l^M,t_1^M,\cdots,t_l^M,E)\\ Z_j=f^Z(x_{j1}^Z,\cdots,x_{js}^Z,t_{j1}^Z,\cdots,t_{js}^Z,E)\\ \sum\limits_{i=1}^{s}\sum\limits_{j=1}^{n}(p_{x_i^Z}x_{ji}^Z+wt_{ji}^Z)+\sum\limits_{k=1}^{l}(p_{x_k^M}x_k^M+wt_k^M)=wt+b=Y\end{array}\right\} \quad (3)$$

求解方程(3),我们首先建立拉格朗日函数:

$$L=U(M,Z_1,\cdots,Z_n)+\lambda\left[(wt+b)-(\sum_{i=1}^{s}\sum_{j=1}^{n}(p_{x_i^Z}x_{ji}^Z+wt_{ji}^Z)\right.\\\left.+\sum_{k=1}^{l}(p_{x_k^M}x_k^M+wt_k^M))\right]$$

计算一阶条件可得:

$$\frac{\partial L}{\partial x_k^M}\equiv\frac{\partial U}{\partial M}\frac{\partial M}{\partial x_k^M}-\lambda p_{x_k^M}=0 \quad (4)$$

$$\frac{\partial L}{\partial x_{ji}^Z}\equiv\frac{\partial U}{\partial Z_j}\frac{\partial Z_j}{\partial x_{ji}^Z}-\lambda p_{x_i^Z}=0 \quad (5)$$

$$i=1,\cdots,s;j=1,\cdots,n$$

$$\frac{\partial L}{\partial t_k^M} \equiv \frac{\partial U}{\partial M}\frac{\partial M}{\partial t_k^M} - \lambda w = 0 \tag{6}$$

$$\frac{\partial L}{\partial t_{ji}^Z} \equiv \frac{\partial U}{\partial Z_j}\frac{\partial Z_j}{\partial t_{ji}^Z} - \lambda w = 0 \tag{7}$$

$$i=1,\cdots,s;j=1,\cdots,n$$

由方程(4)～(7)以及消费者的约束条件,我们可以求解出消费者的最优资源配置:

$$\left.\begin{array}{l} x_k^{*M} = x_k^{*M}(p_{x_M}, p_{xZ}, w, t, b) \\ t_k^{*M} = t_k^{*M}(p_{x_M}, p_{xZ}, w, t, b) \\ x_{ji}^{*Z} = x_{ji}^{*Z}(p_{x_M}, p_{xZ}, w, t, b) \\ t_{ji}^{*Z} = t_{ji}^{*Z}(p_{x_M}, p_{xZ}, w, t, b) \end{array}\right\}$$

同时,我们得出以下结论:

第一,生产生活必需消费品时,使用某种市场产品与在该产品上投入的生产时间必须满足以下等式: $\frac{\partial M}{\partial x_k^M} \Big/ \frac{\partial M}{\partial t_k^M} = p_{x_k^M}/w$,即市场产品的边际产出与时间的边际产出等于市场产品价格与工资率的比。不同的市场产品的购买量之间必须满足以下等式: $\frac{\partial M}{\partial x_k^M} \Big/ \frac{\partial M}{\partial x_r^M} = p_{x_k^M}/p_{x_r^M}$, $\frac{\partial M}{\partial t_k^M} \Big/ \frac{\partial M}{\partial t_r^M} = 1$,即不同产品的边际替代率必须等于其价格之比。在不同的市场产品上投入的时间的边际产出必须相等。

第二,生产闲暇消费品与生产生活必需品类似,在同一种闲暇消费品的生产上存在以下的关系: $\frac{\partial Z_j}{\partial x_{ji}^Z} \Big/ \frac{\partial Z}{\partial t_{ji}^Z} = p_{x_i^Z}/w$, $\frac{\partial Z_j}{\partial x_{ji}^Z} \Big/ \frac{\partial Z_j}{\partial x_{jq}^Z} = p_{x_i^Z}/p_{x_q^Z}$, $\frac{\partial Z}{\partial t_{ji}^Z} \Big/ \frac{\partial Z}{\partial t_{jq}^Z} = 1$。即闲暇消费品的边际产出与时间的边际产出等于闲暇消费品价格与工资率的比。闲暇消费品的边际替代率必须等于其价格之比。在闲暇消费品上投入的时间的边际产出必须相等。

第三,生产不同的闲暇消费品时,对各种市场产品的投入及相应的投入时间存在以下的关系：

首先，不同的闲暇消费品中的同种市场产品的购买量和投入时间必须满足：$\frac{\partial U}{\partial Z_j}\frac{\partial Z_j}{\partial x_{ji}^Z}\Big/\frac{\partial U}{\partial Z_h}\frac{\partial Z_h}{\partial x_{hi}^Z}=1$，$\frac{\partial U}{\partial Z_j}\frac{\partial Z_j}{\partial t_{ji}^Z}\Big/\frac{\partial U}{\partial Z_h}\frac{\partial Z_h}{\partial t_{hi}^Z}=1$，如果定义$\frac{\partial U}{\partial Z_j}\equiv MU_{Z_j}$，则$MU_{Z_j}\frac{\partial Z_j}{\partial x_{ji}^Z}=MU_{Z_h}\frac{\partial Z_h}{\partial x_{hi}^Z}$，$MU_{Z_j}\frac{\partial Z_j}{\partial t_{ji}^Z}=MU_{Z_h}\frac{\partial Z_h}{\partial t_{hi}^Z}$。在不同闲暇消费品之间，同种市场产品投入和时间投入必须满足边际效用增加值相等的原则，即同一种市场产品在生产各种闲暇消费品时必须满足边际效用增加值相等的原则，相应的时间投入使用也必须满足边际效用增加值相等原则。

其次，在不同的闲暇消费品的生产过程中所采用的不同的市场产品和相应的投入时间必须满足：

$$\left(MU_{Z_j}\frac{\partial Z_j}{\partial x_{ji}^Z}\right)\Big/\left(MU_{Z_h}\frac{\partial Z_h}{\partial x_{hq}^Z}\right)=p_{x_i^Z}/p_{x_q^Z},\left(MU_{Z_j}\frac{\partial Z_j}{\partial t_{ji}^Z}\right)\Big/\left(MU_{Z_h}\frac{\partial Z_h}{\partial t_{hq}^Z}\right)=1$$

即在不同闲暇消费品之间，不同的市场产品投入和时间投入也必须满足边际效用增加值相等的原则，不同的市场产品在生产不同的闲暇消费品时，其边际效用的比值必须等于其价格比，时间的投入也必须满足边际效用增加值相等原则。

第四，生产生活必需品与生产闲暇消费品之间市场产品与相应的投入时间的关系必须满足：

$$\left(MU_{Z_j}\frac{\partial Z_j}{\partial x_{ji}^Z}\right)\Big/\left(MU_M\frac{\partial M}{\partial x_k^Z}\right)=p_{x_i^Z}/p_{x_k^M},\left(MU_{Z_j}\frac{\partial Z_j}{\partial t_{ji}^Z}\right)\Big/\left(MU_M\frac{\partial M}{\partial t_k^M}\right)=1$$

这实际上也是等边际原则，即生产生活必需品与生产闲暇消费品时，其市场产品的使用必须使得这两种产品带来的边际效用比等于其价格比，时间使用上也必须满足边际效用增加值相等原则。

上述最优条件以及一系列原则决定了消费者在收入、时间给定，也就是其总财富给定的条件下，根据其偏好（如对生活必需品的需要、对各种闲暇消费品的需要）、不同市场产品的价格以及工资率，合理地在各种市场产品以及工作和休

闲暇创造价值

闲时间上做出最优的分配。以上比较静态的分析结果给出了生活必需消费品、闲暇消费品以及各种不同的市场产品之间的最优分配的原则，但我们更加关注的是当收入及时间发生变化时，消费者的分配将会发生怎样的变化。基于此目的，我们展开如下分析。

假设消费品生产函数 $\left.\begin{array}{l}M=f^M(x_1^M,\cdots,x_l^M,t_1^M,\cdots,t_l^M,E)\\Z_j=f^Z(x_{j1}^Z,\cdots,x_{js}^Z,t_{j1}^Z,\cdots,t_{js}^Z,E)\end{array}\right\}$ 是关于生产该消费品所需的市场产品以及生产消费品所需的时间的一次齐次函数，即 $\{x,t\}$ 的一次齐次函数，那么，生产消费品的边际成本等于平均成本。因为消费品的价格是无法直接观测的，所以每类消费品只有一个"影子价格"。由生产函数的一次齐次性，我们可以得到消费品的影子价格满足：

$$\left.\begin{array}{l}\pi^M=\dfrac{\sum_{k=1}^{l}\left(p_{x_k^M}x_k^{*M}(p_{x_M},p_{xZ},w,t,b)+wt_k^{*M}(p_{x_M},p_{xZ},w,t,b)\right)}{M^*}\\[2mm]\pi_j^Z=\dfrac{\sum_{i=1}^{s}\left(p_{x_i^Z}x_{ji}^{*Z}(p_{x_M},p_{xZ},w,t,b)+wt_{ji}^{*Z}(p_{x_M},p_{xZ},w,t,b)\right)}{Z_j^*}\end{array}\right\} \quad (8)$$

由前面所述的最优特征分析我们可得出以下结果：

$$MU_{Z_j}/MU_{Z_h}=\pi_{Z_j}/\pi_{Z_h},MU_{Z_j}/MU_M=\pi_{Z_j}/\pi_M$$

即生产不同的闲暇消费品时，闲暇消费品的使用必须使得这两种闲暇消费品带来的边际效用比等于两者"影子价格"比。生产生活必需品与生产闲暇消费品时，其生活必需品与闲暇消费品的使用必须使得生活必需品与闲暇消费品带来的边际效用比等于两者"影子价格"比。

如果我们进一步合理地假设消费者的效用函数满足：

$$U(M,Z_1,\cdots,Z_n)=M^{\gamma_M}\cdot Z_1^{\gamma_{Z_1}}\cdot\cdots\cdot Z_n^{\gamma_{Z_n}},\gamma_M+\gamma_{Z_1}+\cdots+\gamma_{Z_n}=1$$

可以解得消费者的最大化效用函数满足：

$$\left.\begin{aligned} M &= \frac{\gamma_M Y}{\pi^M} \\ Z_j &= \frac{\gamma_Z Y}{\pi_j^Z} \end{aligned}\right\} \quad (9)$$

方程(9)又写作：

$$\left.\begin{aligned} \gamma_M Y &= M\pi^M = M(x^{*M}, t^{*M})\pi^M(x^{*M}, t^{*M}) \\ \gamma_{Z_1} Y &= Z_1 \pi_1^Z = Z_1(x_1^{*Z}, t_1^{*Z})\pi_1^Z(x_1^{*Z}, t_1^{*Z}) \\ &\vdots \\ \gamma_{Z_n} Y &= Z_n \pi_n^Z = Z_n(x_n^{*Z}, t_n^{*Z})\pi_n^Z(x_n^{*Z}, t_n^{*Z}) \end{aligned}\right\} \quad (10)$$

方程组(10)最左侧为消费者在每类消费产品上的支出，它们是可以观测到的变量(问卷获得)，最右侧为最优解中的各类参数(包括价格、工资率、教育程度等外生可观测变量和替代率等内生变量)。我们可建立实证估计的计量模型，进而找出时间、收入或者教育等改变造成的闲暇消费的变化，包括消费量的变化以及商品与时间之间的替代、不同闲暇消费品之间的替代等。

(二) 长三角高管人员闲暇消费的经济模型分析

闲暇消费需求分为恰悦的需求、尊重的需求以及发展的需求三个层次，这三个层次的需求与本章中的 $\{Z_i\}_{i=1}^n$ 相对应。因此，实证计量模型中，$n=3$，不失一般性；令 $Z_1 =$ 恰悦的需求，$Z_2 =$ 尊重的需求，$Z_3 =$ 发展的需求。由于本书研究的是长三角高管人员闲暇消费，因此，在计量分析模型中，我们只考虑闲暇消费需求，而不再考虑满足生活必需的基本需求，由方程(10)可以得出如下的方程：

$$\left.\begin{aligned} \gamma_{Z_1} Y &= Z_1 \pi_1^Z = Z_1(x_1^{*Z}, t_1^{*Z})\pi_1^Z(x_1^{*Z}, t_1^{*Z}) \\ \gamma_{Z_2} Y &= Z_2 \pi_2^Z = Z_2(x_2^{*Z}, t_2^{*Z})\pi_2^Z(x_2^{*Z}, t_2^{*Z}) \\ \gamma_{Z_3} Y &= Z_3 \pi_3^Z = Z_3(x_3^{*Z}, t_3^{*Z})\pi_3^Z(x_3^{*Z}, t_3^{*Z}) \end{aligned}\right\} \quad (11)$$

由公式(8)得出：

$$\pi_j^Z Z_j^* = \sum_{i=1}^s \left(p_{x_i^Z} x_{ji}^{*Z}(p_{x_M}, p_{xZ}, w, t, b) + w t_{ji}^{*Z}(p_{x_M}, p_{xZ}, w, t, b) \right), j=1,2,3$$

公式(11)可以进一步化简为：

$$\gamma_{Z_j} Y = \pi_j^Z Z_j^*$$
$$= \sum_{i=1}^s \left(p_{x_i^Z} x_{ji}^{*Z}(p_{x_M}, p_{xZ}, w, t, b) + w t_{ji}^{*Z}(p_{x_M}, p_{xZ}, w, t, b) \right), j=1,2,3$$
(12)

由公式(12)可以得出，消费者的某种闲暇消费支出，比如，满足发展需求的消费支出，不仅是带来发展需求所需的市场产品的价格函数(如高端教育所需的支出的费用的函数)，而且还是其他可以满足闲暇需求的市场产品的价格的函数(如满足怡悦需求的豪车、豪宅的价格的函数)。同时，我们还可以看出闲暇消费需求支出受与消费者本身相关的一些因素的影响，如教育、财富水平等。为了检验闲暇消费水平与上述各种因素之间的实证关系，我们根据公式(12)建立如下的实证检验公式：

$$Expenditure_{Z_j} = \beta_0 + \beta_1 \cdot Education + \beta_2 \cdot WageRate + \beta_3 \cdot Income$$
$$+ \sum_{i=1}^s \beta_{3+i} \cdot p_{x_{Z_i}} + \varepsilon$$
(13)

公式(13)中需要作出解释的是 β_0，它代表诸如必需品消费需求等因素对闲暇消费需求支出的影响，因为闲暇消费需求的满足一般是在生活必需品消费满足的基础上进行的，而必需品的消费需求支出是一个较为稳定的常数，所以，可以用一个常数 β_0 来表示其对闲暇消费需求支出的影响。

第六章

研究结论及思考

第一节 研究结论

一、中国将在21世纪20年代末全面迎来闲暇消费时代

据研究,人均可支配收入超过3 000美元是一个国家或地区闲暇消费时代来临的标志。

2011年,全国城镇居民的人均可支配收入已达到21 810元;2015年,全国城镇居民的人均可支配收入达到22 000元,超过了3 000美元。然而,中国还没有进入闲暇消费时代,其原因可能有两种:第一,人均可支配收入超过3 000美元的标准偏低;第二,有钱并不一定会迎来闲暇消费时代。笔者认为,中国的"休闲时代"将于21世纪20年代末到来。

二、长三角高管人员闲暇消费研究颇具价值

"闲暇消费"越来越受社会关注。由于闲暇时间的共性,因此国内外相关研究文章相对较多。然而,闲暇消费内容因其鲜明的时代性、显著的地域性、源远的传承性,导致相关的文章不多。长三角的经济地位非常重要,长三角的闲暇消费方式和消费行为会产生示范效应。不同的地区闲暇消费行为的差异性非常大。而长三角地区地缘相通、文化相近,样本采集具有代表性,研究结果具有科学性和指导性。因此,长三角高管人员闲暇消费研究颇具价值。

本书以经典的需求理论为依据,分析得出:长三角高管人员的闲暇消费需求、闲暇消费动机决定了闲暇消费行为,即对消费项目和内容的选择。在此基础上,本书得出了长三角高管人员闲暇消费需求、消费动机及消费行为的相关性分析图,并通过定量分析,得出基本的模型以及长三角高管人员闲暇消费的经济模型。

三、中国古代闲暇消费思想博大精深

虽然国内的闲暇消费理论研究起步较晚,但中国古代的闲暇消费思想博大精深、源远流长,它们像一颗颗璀璨的明珠,散落在浩瀚的历史长河中。

中国古代闲暇思想和闲暇消费行为具有以下特征:一是闲暇思想与闲暇消费行为的矛盾,即哲人们关于节俭高雅的闲暇消费的论述和统治阶级奢侈荒诞的闲暇消费行为的冲突;二是物理闲暇(身闲)与心理闲暇(心闲)的统一,身闲是心闲的前提,心闲重于身闲,闲暇的最佳境界是身心俱闲,总的趋势是心闲向身闲的下落;三是在闲暇物质消费与闲暇精神享受间的游移,物质消费是基础,读书学习是从物质消费向精神享受过渡的桥梁,精神享受是最高境界;四是中国古代闲暇消费方式以"静"为主要特征,讲究"天人合一"、内心平和。

四、新时间四分法对闲暇时间研究颇具意义

对闲暇时间的界定不同,时间分类方法的种类也不同,因此,闲暇的界定是时间分类的关键,而时间分类法又是闲暇时间理论研究的基础。传统的时间分类法包括二分法、三分法、四分法和五分法。

"新时间四分法"将时间分为生存必需时间、社会义务时间、家庭义务时间和闲暇时间。与传统的时间四分法的重大区别就是,"新时间四分法"提出了"闲暇时间边界移动性"理论以及"闲暇时间延展"思想。"新时间四分法"的理论源泉来自于中国的传统文化,立足于"人",把学习纳入闲暇,倡导发展型闲暇消费。本书运用"新时间四分法"得出了"时空二维图",其横轴是"四时"(生存必需时间、社会义务时间、闲暇时间、家庭义务时间),其纵轴是"三地"(休闲地、工作地、家庭地),并形成12个相互关联的时空。在此基础上,本书将闲暇消费品对资金的占用和对时间的占用两元素相结合,得到"钱闲二维图";将"时空二维图"和"钱闲二维图"结合,得到"时间、空间、消费品三维图"。运用"新时间四分法",还可以进一步探讨闲暇消费效用最大化。

五、"T-S-P 三维图"有助于闲暇消费研究

"T-S-P 三维图"将各种闲暇消费项目和内容全方位地、清晰地呈现在人们的面前,为闲暇消费的定性研究和定量研究提供更多便利。

"T-S-P 三维图"由"四时、三地、四品"三类元素组合而成。其横轴 T 为生存必需时间、社会义务时间、闲暇时间、家庭义务时间,即"四时";其纵轴 S 为休闲地、工作地、家庭地,即"三地";其竖轴 P 为省时耗钱品、省时省钱品、耗时耗钱品、耗时省钱品,即"四品"。通过该三维图,我们可以清晰地分析四个组合品在十二个时空中的分布。在分析长三角高管人员闲暇消费品时,预调查筛选出主要消费项目,随着调查进一步深入,得出其闲暇消费内容:豪宅、豪车、高尔夫、旅游、高端教育、交朋结友、购物、艺术品鉴赏与收藏,这些消费内容在"T-S-P 三维图"中呈现出有规则但非均匀的分布。

第二节　决策思考

一、对高管人员闲暇消费项目的争夺,是时间的争夺

对高层管理人员而言,对其闲暇消费项目偏好影响最大的因素是时间。因此,对高层管理人员闲暇消费项目的争夺,更多的是时间的争夺。高效、快捷又深受高层管理人员喜爱的闲暇消费项目,将会有很广阔的市场。

例如,在设计高端教育、旅游等消费项目时,力求减少高层管理人员的搜寻时间,不断设计出精品的消费项目,让他们有更好的消费体验,从而吸引这个消费群体。

二、合理引导高管人员的闲暇消费势在必行

豪车、高尔夫这些有很强的负外部性的消费项目，深受高管人员的喜爱，其原因是，通过这类高端闲暇消费显示自己的身份、地位，以满足"表现自我"的炫耀心理。因此，合理引导高层管理人员的闲暇消费势在必行。

首先，要在舆论上进行引导，让公众唾弃那些有很强的负外部性的闲暇消费项目。其次，要开发出有强正外部性的闲暇消费项目，如高端教育、旅游等，以满足其"表现自我"的心理。最后，要对有很强的负外部性的闲暇消费项目课以重税，甚至是运用行政手段，遏制这类消费行为，减少其消费需求。

因为高尔夫球场占地面积大，而且，球场维护对水土资源的污染很大，所以，国家限制高尔夫项目，并从两方面进行约束。一是严格控制批地，不让高尔夫球场野蛮生长。二是从需求方着手，限制公职人员打高尔夫，于是，打高尔夫的人数减少、行业利润减少，这样就不会有大量资本流入。

三、延展高管人员的闲暇时间以提高生活质量

高管人员的闲暇时间常常被社会义务时间挤占，延展高管人员的闲暇时间既可以提高其生活质量，也可以扩大内需。

闲暇时间延展有两种途径：物理延展和心理延展。物理延展是到点休息，强制休假；心理延展就是融快乐于工作之中，把工作当作一种休闲。

四、在低碳消费和闲暇消费中找到平衡

闲暇消费社会的高级阶段是体验的阶段，在这个阶段，对物质的占有和对物质的消耗已经不再占据重要的地位了，对于消费者，尤其是高层次的消费者，用少量的物质消耗，就可以获得很高的效用和幸福感。既要节能减排，又要满足广大民众日益增长的休闲消费需求，这就要求我们在低碳消费和闲暇消费中找到平衡。而"服务、学习、静思"的闲暇消费项目是最佳的选择。

服务，是一种无烟工厂，是绿色经济。闲暇消费中，服务是一种非常重要的消费方式，它能以较少的物质消耗创造较大的消费者效用。

学习，是一种正外部效用的消费，它消耗的物质资源不多，但对消费者自身，乃至对整个社会都会创造巨大的价值。

静思，是闲暇消费的最高层次、最高境界，"只可自怡悦，不堪持赠君"，静思带来的愉悦感常常无以言表，它是创造人类精神财富的主要途径。

第三节 研究的不足及展望

一、研究的不足

本研究在作中国闲暇消费研究综述时，对中国古代闲暇思想和闲暇消费行为进行了深入的研究和浓墨重彩的描述，于是，让这部分研究内容独立成章。但在进行国外闲暇消费理论研究综述时，由于资料所限，只是研究了闲暇时间理论，没有对国外闲暇消费理论和闲暇消费实践作一个轮廓性的展现，这使得本书在结构上显得不均衡。

本研究在分析长三角高管人员闲暇消费的经济模型时，由于考虑到闲暇时间在其中的分量不是足够的重，因此没有深入下去，留下了一些空白。然而，在分析长三角高管人员闲暇消费需求、动机、行为的关系时，如果进行深入的实证分析，一定很有价值也很有意义。

本研究在哲学层面、定性分析方面的研究较多，在定量研究、实证研究方面不够深入，尤其是"闲暇时间边界移动性"理论及"闲暇时间延展"思想的定量分析和实证研究有待于进一步深入。

二、展望

闲暇消费时代的足音已经传来，闲暇消费的研究在中国一定会有突飞猛进的发展。

从本研究延伸出去，可以研究长三角高管人员闲暇消费产业的发展，还可以预测长三角高管人员乃至全国未来的主要闲暇消费项目和消费内容，其中蕴藏着巨大的商机。例如，高端教育将是未来闲暇消费的一个非常重要的项目，怎样对接和挖掘就是一个很有意义的课题。

闲暇消费行为取决于闲暇消费需求，分析闲暇消费行为与闲暇消费需求的关系，对于合理引导民众的闲暇消费方式和闲暇消费行为，能起到事半功倍的效果。

低碳消费是人类未来重要的消费方式，怎样在闲暇消费中寻找低碳元素，在闲暇消费中倡导低碳消费，也是本研究可以延展出去的一个重要的课题。

参考文献

一、英文参考文献

[1] Aaker D A. Measuring Brand Equity Across Products and Markets[J]. *California Management Review*, 1996, 38(3): 38.

[2] Agate J R. Family Leisure Satisfaction and Satisfaction with Family Life[J]. *Journal of Leisure Research*, 2009, 41(2): 205—223.

[3] Altman M. A Behavioral Model of Labor Supply: Casting Some Light into the Black Box of Income-Leisure Choice[J]. *The Journal of Socio-Economics*, 2001, 30(3): 9.

[4] Anderton D. *Looking at Leisure* [M]. London: Hodder & Stoughton, 1992.

[5] Barro R J, King R G. Time-Separable Preferences and Intertemporal-Substitution Models of Business Cycles [J]. *The Quarterly Journal of Economics*, 1984, 99(4): 817.

[6] Becker G S. A Theory of the Allocation of Time [J]. *Economic Journal*, 1965, 75(299): 493—517.

[7] Becker G S. *A Theory of Time Distribution, the Economic Approach to Human Behavior* [M]. New York: University of Chicago Press, 1976.

[8] Becker G S. *Human Capital: A Theoretical and Empirical Analysis, with Special Reference to Education* [M]. 2nd ed. New York: University of Chicago Press, 1975.

[9] Berger M J. *An Examination of Consumers' Leisure Time Choice Behavior: A Multi-Dimensional Scaling Approach to the Study of Spectator Sports* [D]. Buffalo: State University Of New York, 1978.

[10] Brightbill C K. *The Challenge of Leisure* [M]. New Jersey: Prentice-Hall, 1963.

[11] Brightbill C K. *Educating for Leisure-Centered Living* [M]. New York: John Wiley

& Sons,1966.

[12]Brightbill C K. *Man and Leisure*,*Engle Wood Cliffs*[M]. New Jersey:Prentice-Hall,1961.

[13]Burton T L. A Framework for Leisure Policy Research[J]. *Leisure Studies*,1982,1(3):323—335.

[14]Chubb M,Chubb H. *One Third of Our Time*[M]. New York:John Wiley & Sons,1981.

[15]Clarke J,Critcher C. *The Devil Makes Work:Leisure in Capitalistic Britain*[M]. Champaign,IL:University of Illinois Press,1985.

[16]Crompton J L. Motivations for Pleasure Vacation[J]. *Annals of Tourism Research*,1979,6(4):408—424.

[17]Cross G S. Quest for Leisure:Reassessing the Eight-Hour Day in France[J]. *Journal of Social History*,1965,18(2):195—216.

[18]Cross G S. *A Social History of Leisure Since 1600*[M]. State College,PA:Venture Publishing,Inc. ,1990.

[19]Dunn L F. An Empirical Indifference Function for Income and Leisure[J]. *The Review of Economics and Statistic*,1978,60(4):533—540.

[20]Eichenbaum S M,Hansen L P,Singleton K J. A Time Series Analysis of Representative Agent Models of Consumption and Leisure Choice under Uncertainty [J]. *Quarterly Journal of Economics*,1988,103(1):51—78.

[21]Godbey G. *Leisure in Your Life:An Exploration*[M]. State College,PA:Venture Publishing,Inc. ,1999.

[22]Gronau R. Leisure,Home Production,and Work:The Theory of the Allocation of Time Revisited[J]. *Journal of Political Economy*,1977,85(6):1099—1123.

[23]Holloway J C. *The Business of Tourism*[M]. Beijing:Foreign Language Teaching and Research Press,2004.

[24]Houston R G,Wilson D P. Income,Leisure and Proficiency:An Economic Study of Football Performance[J]. *Applied Economics Letters*,2002,9(14):939—943.

[25]Jonathan G. *Changing Times:Work and Leisure in Postindustrial Society*[M]. England:Oxford University Press,2000.

[26]Kelly J R. Work and Leisure:A Simplified Paradigm[J]. *Journal of Leisure Research*,2009,41(3):439—451.

[27]Kim H,Sherman D. Express Yourself:Culture and the Effect of Self-Expression on Choice[J]. *Journal of Personality and Social Psychology*,2007,92(1):1—11.

[28]Kydland F,Prescott E C. Time to Build and Aggregate Fluctuations[J]. *Econometrica*,1982,50(6):1345—1370.

[29]Linder S B. *The Harried Leisure Class*[M]. New York:Columbia University Press,1970.

[30]Lio M. Three Assays on Increasing Returns and Specialization:A Contribution to New Classic Microeconomic Approach[D]. Taipei:National Taiwan University,1966.

[31]Mankiw N G,Rotemberg J,Summers L H. Intertemporal Substitution in Macroeconomics[J]. *The Quarterly Journal of Economics*,1985,100(1):225—251.

[32]Neil C,William B. *The Social Organization of Leisure in Human Society*[M]. New York:Harper & Row,1976.

[33]Newstrom J W,Davis K. *Organization Behavior:Human Behavior at Work*[M]. 10th ed. New York:The McGraw-Hill Companies,1997.

[34]Ortigueira S. A Dynamic Analysis of an Endogenous Growth Model with Leisure[J]. *Economic Theory*,2000,16(1):43—62.

[35]Pigou A C. *The Economics of Welfare*[M]. 4th ed. London:Macmillan and Co,1932.

[36]Pollak R A. Habit Formation and Dynamic Demand Functions[J]. *Journal of Political Economy*,1970,78(4):745—763.

[37] Sharir S. A Specification Error in the Standard Leisure-Income Model When Work Affects Utility Directly[J]. *The American Economist*,1980,24(1):84—85.

[38] Sirgy M J. Using Self-Congruity and Ideal Congruity to Predict Purchase Motivation [J]. *Journal of Business Research*,1985,13(3):195—206.

[39] Sirgy M J. Self-Concept in Consumer Behavior: A Critical Review[J]. *Journal of Consumer Research*,1982,9(3):287.

[40] Solberg E J,Wong D C. Family Time Use:Leisure,Home Production,Market Work and Work Related Travel[J]. *The Journal of Human Resources*,1992,27(3):485—510.

[41] Stigler J,Becker G S. De Gustibus Non Est Disputandum[J]. *American Economic Review*,1977,67(2):76—90.

[42] Swofford J L,Whiney G A. Nonparametric Tests of Utility Maximization and Weak Separability for Consumption,Leisure and Money[J]. *The Review of Economics and Statistics*,1987,69(3):458—464.

[43] Veblen T. *The Theory of the Leisure Class*[M]. New York:The Macmillan Company,1999.

[44] Zinkhan G M,Hong J W. Self-Concept and Advertising Effectiveness:A Conceptual Model of Congruency,Conspicuousness,and Response Mode[J]. *Advances in Consumer Research*,1991,18:348—354.

[45] Zuzaneki J,Beckers T,Peters P. The "Harried Leisure Class" Revisited:Dutch and Canadian Trends in the Use of Time from the 1970s to the 1990s[J]. *Leisure Studies*,1998,17(1):1—19.

二、中文参考文献

[1]艾运盛,张鸿雁. 旅行费用法在游憩效益评价应用中的问题及对策研究[J]. 林业经济问题,1996(2):24—29.

[2]白丽,于晓燕. 从经济学视角关注休闲[J]. 商场现代化,2007(33):249—250.

[3]布尔,胡思,韦德. 休闲研究引论[M]. 田里,董建新,等译. 昆明:云南大学出版社,2006.

[4]曹雪芹,高鹗. 红楼梦[M]. 上海:上海古籍出版社,1988.

[5]陈惠雄,邹敬卓. "财富—快乐"悖论:一个探索性的理论解释[J]. 中共杭州市委党校学报,2007(4):9—12.

[6]陈迎宪. 闲暇时间:创造生命的意义[J]. 自然辩证法研究,2004(6):97—98.

[7]陈琰.闲暇是金:休闲美学谈[M].武汉:武汉大学出版社,2006.

[8]陈来成.休闲学[M].广州:中山大学出版社,2009.

[9]陈鲁直.民闲论[M].北京:中国经济出版社,2005.

[10]陈思伦,欧圣荣.休闲游憩概论[M].台北:桂鲁出版社,1996.

[11]陈春华.城市开放性休闲空间的生活化设计[J].重庆建筑大学学报,2003(2):37—41.

[12]陈海达,汪斌,钟晶晶.时间、收入与消费选择:兼论假日经济效应[J].数量经济技术经济研究,2006(2):108—116.

[13]陈迎宪.闲暇时间:创造生命的意义[J].自然辩证法研究,2004(6):97—98.

[14]成思危.知识经济时代与人的休闲方式变革[J].自然辩证法研究,2003(2):70—71.

[15]池田胜.娱憩的理论基础[M].首尔:杏林书院,1989.

[16]崔伟奇.现代休闲研究的哲学意蕴[J].中共中央党校学报,2003(2):27—30.

[17]但新球.森林休闲度假区的规划设计[J].中南林业调查规划,1998(4):32—35.

[18]德万迪尔,特金顿.新兴职业:休闲[M].元旭津,译.上海:上海科学技术文献出版社,2008.

[19]邓崇清.简论休闲与休闲消费[J].改革与战略,2000(5):1—7.

[20]丁岚.闲暇时间对城镇居民消费行为的影响[J].山西财经大学学报,2002(A1):53—59.

[21]刁永祚.论生活质量[J].经济学家,2003(6):4—10.

[22]董瑞华.马克思的闲暇时间理论与休闲经济[J].当代经济研究,2002(1):60—64.

[23]杜江,向萍.天津市居民休闲娱乐消费状况分析[J].南开经济研究,1996(4):38—41.

[24]丰广.假日经济模型分析及其开发利用对策[J].中国地质大学学报(社会科学版),2003(3):43—46.

[25]风笑天,赵延东.当前我国城市居民的闲暇生活质量:对武汉市1 008户居民的调查分析[J].社会科学研究,1997(5):91—98.

[26]福塞尔.格调:社会等级与生活品味[M].梁丽真,乐涛,石涛,译.北京:中国社会科学出版社,1998.

[27]戈比.你生命中的休闲[M].康筝,译.昆明:云南人民出版社,2000.

[28]戈比.21世纪的休闲与休闲服务[M].张春波,陈定家,刘风华,译.昆明:云南人民出版社,2000.

[29]宫新荷,王云才.青岛市HCBD的特点与形成机制[J].海岸工程,1999(2):59－63.

[30]郭旭,郭恩章,吕飞.营造高质量的城市休闲空间环境:以邯郸市休闲空间环境设计为例[J].哈尔滨建筑大学学报,2002(3):84－91.

[31]郭鲁芳.休闲消费的经济分析[J].数量经济技术经济研究,2004(4):12－21.

[32]郭鲁芳.中国休闲研究综述[J].商业经济与管理,2005(3):76－79.

[33]郭鲁芳.休闲经济学:休闲消费的经济分析[M].杭州:浙江大学出版社,2005.

[34]郭鲁芳.时间约束与休闲消费[J].数量经济技术经济研究,2006(2):117－125,160.

[35]郭鲁芳.中国休闲消费结构:实证分析与优化对策[J].浙江大学学报(人文社会科学版),2006(5):122－130.

[36]国务院.国务院关于进一步推进长江三角洲改革开放和经济社会发展的指导意见(国发〔2008〕30号[EB/OL].(2008－09－07)[2008－09－16].http:www.gov.cn/zk/2008-09/16/content_1096217.htm.

[37]海恩斯.个人时间管理[M].陶婷芳,译.3版.上海:上海财经大学出版社,2002.

[38]韩百娟.环城市带休闲旅游产品开发研究:以重庆市巴南区为例[J].重庆三峡学院学报,2002(2):80－84.

[39]韩南.中国白话小说史[M].尹惠珉,译.杭州:浙江古籍出版社,1989.

[40]胡伟希,陈盈盈.追求生命的超越与融通:儒道禅与休闲[M].昆明:云南人民出版社,2004.

[41]胡志坚,李永威,马惠娣.我国公众闲暇时间文化生活研究[J].清华大学学报(哲学社会科学版),2003(6):53－58.

[42]黄文馨.培育休闲产业,推进经济增长[J].自然辩证法研究,2001(10):55－58.

[43]黄羊山.游憩初探[J].桂林旅游高等专科学校学报,2000(2):10－12.

[44]黄慧明,魏清泉.大城市边缘小城镇休闲度假旅游开发研究:以高明市杨梅镇为例[J].地域研究与开发,2001(3):79－83.

[45]黄巧灵.休闲时代[M].北京:中国建筑工业出版社,2001.

[46]黄颖.从"共时化"现象透析假日经济[J].承德民族师专学报,2006,26(2):61－62,68.

[47]黄震方,侯国林.大城市商业游憩区形成机制研究[J].地理学与国土研究,2001(4):44－47.

[48]贾黎明,陈鑫峰,刘泽良,等.太行山周边主要户外游憩需求的初步研究[J].北京林业大学学报(社会科学版),2002(C1):84－89.

[49]蒋殿春.高级微观经济学[M].北京:经济管理出版社,2000.

[50]蒋蕴.快乐是人类经济行为的终极目标[J].管理与财富,2006(11):6－7.

[51]季斌.休闲:洞察人的生存意义[J].自然辩证法研究,2001(5):54－58.

[52]金光得.现代休闲论[M].首尔:白山出版社,1995.

[53]金倩,楼嘉军.武汉市居民休闲方式选择倾向及特征研究[J].旅游学刊,2006(1):40－43.

[54]靳晓婷.从时间行为角度看居民的假日经济行为[J].经济问题,2003(6):24－26.

[55]姜男国.对休闲社会的理解[M].首尔:形雪出版社,1999.

[56]巨乃岐,刘冠军.试论具有中国特色的休闲观[J].唐都学刊,2004(4):96－100.

[57]巨鹏,何佳梅.城市休闲产业客源特点分析[J].山东师范大学学报(自然科学版),2001(4):407－410.

[58]凯利.走向自由:休闲社会学新论[M].赵冉,译.昆明:云南人民出版社,2000.

[59]李可勤,李晓峰."休闲"视野里的传统精神与现代设计:关于城市公共休闲空间[J].新建筑,2000(6):8－12.

[60]李磊.是"假日经济"还是"休闲经济":有关"假日"和"休闲"的探讨[J].自然辩证法研究,2002(9):72－75.

[61]李享.休闲与旅游统计研究[M].北京:中国旅游出版社,2008.

[62]李新家.休闲消费时代已经来临[N].羊城晚报,2004-01-22(8).

[63]李益.近年来学术界关于休闲问题的研究综述[J].广西社会科学,2003(1):169－171.

[64]李峥嵘,柴彦威.大连城市居民周末休闲时间的利用特征[J].经济地理,1999(5):80－84,17.

[65]李在永.论休闲消费的几个基本问题[J].北方经贸,2002(10):47—49.

[66]李仲广.闲暇经济论[D].大连:东北财经大学,2005.

[67]李仲广,卢昌崇.基础休闲学[M].北京:社会科学文献出版社,2004.

[68]李永周,魏静.论城镇居民休闲消费力的培育[J].消费经济,2006(1):57—61.

[69]李子奈,潘文卿.计量经济学[M].2版.北京:高等教育出版社,2005.

[70]凌作人.城市开放性休闲空间设计[J].四川建筑,2000(4):24—25.

[71]刘海春.生命与休闲教育[M].北京:人民出版社,2008.

[72]刘邦凡,吴勇.论我国休闲科学的研究对象、性质与义务[J].理论导刊,2001(12):41—42,46.

[73]刘邦凡.休闲、休闲经济与城市经济[J].自然辩证法研究,2002(2):61—64.

[74]刘邦凡,吴勇.谈休闲学研究中的若干概念[J].唐山师范学院院报,2002(6):43—46.

[75]刘邦凡.论作为学科的休闲学[J].桂林旅游高等专科学校学报,2004(6):19—23.

[76]刘翠.休闲旅游文化基础[M].北京:清华大学出版社,2008.

[77]刘晨晔.后现代精神的休闲意蕴[J].自然辩证法研究,2002(3):28—32.

[78]刘晨晔.解读马克思休闲思想的几个问题[J].自然辩证法研究,2003(6):88.

[79]刘晨晔.人类休闲合法性根据探源[J].思想战线,2004(6):121—124.

[80]刘晨晔.休闲:解读马克思思想的一项尝试[M].北京:中国社会科学出版社,2006.

[81]刘婵.论我国中产阶层的界定标准[J].边疆经济与文化,2006(3):107—108.

[82]刘耳.中国古代休闲文化传统[J].自然辩证法研究,2001(5):63—64.

[83]刘耳.休闲:一种文化价值观的转变[J].自然辩证法研究,2003(5):75.

[84]刘嘉龙,郑胜华.休闲概论[M].天津:南开大学出版社,2008.

[85]刘志林,柴彦威,龚华.深圳市民休闲时间利用特征研究[J].人文地理,2000(6):73—78.

[86]刘志林,柴彦威.深圳市民周末休闲活动的空间结构[J].经济地理,2001(4):504—508.

[87]刘宁宁.我国城市居民休闲行为特征变化浅析[J].河南商业高等专科学校学报,2004(1):81—82.

[88]刘新平.休闲中国[M].北京:中国工人出版社,2002.

[89]廖进球,彭雷清.中国商务管理创新研究(2013)[M].大连:东北财经大学出版社,2013.

[90]楼嘉军.道家游乐思想初探[J].社会科学,2000(12):59-62.

[91]楼嘉军.休闲初探[J].桂林旅游高等专科学校学报,2000(2):5-9.

[92]楼嘉军.休闲科学理论发展简析[J].北京第二外国语学院学报,2001(3):7-13.

[93]楼嘉军.休闲产业初探[J].旅游科学,2003(2):13-16.

[94]楼嘉军.休闲新论[M].上海:立信会计出版社,2005.

[95]陆彦明,马惠娣.马克思休闲思想初探[J].自然辩证法研究,2002(1):44-49.

[96]鲁峰.基于收入、时间双重约束的旅游消费分析[J].技术经济,2008(2):91-95.

[97]卢昌崇,李仲广.从《诗经》到《生活的艺术》:中国古、近代休闲思想探析[J].自然辩证法研究,2003(5):81-85.

[98]罗伯茨.休闲产业[M].李昕,译.重庆:重庆大学出版社,2008.

[99]罗佳明.论遗产型目的地营销:以四川省乐山市为例[J].旅游学刊,2002(3):60-65.

[100]罗素.悠闲颂[M].李金波,蔡晓,译.北京:中国工人出版社,1993.

[101]马惠娣.文化精神之域的休闲理论初探[J].齐鲁学刊,1998(3):98-106.

[102]马惠娣,成素梅.关于自由时间的理性思考[J].自然辩证法研究,1999(1):35-41.

[103]马惠娣.休闲:文化哲学层面的透视[J].自然辩证法研究,2000(1):59-64.

[104]马惠娣,王国政.休闲产业新的经济增长点[J].瞭望,2000(34):40-41.

[105]马惠娣.21世纪与休闲经济、休闲产业、休闲文化[J].自然辩证法研究,2001(1):48-52.

[106]马惠娣,刘耳.西方休闲学研究述评[J].自然辩证法研究,2001(5):45-50.

[107]马惠娣.休闲问题的理论探究[J].清华大学学报(哲学社会科学版),2001(6):71-75.

[108]马惠娣.未来10年中国休闲旅游业发展前景瞭望[J].齐鲁学刊,2002(2):19-26.

[109]马惠娣.人类文化思想史中的休闲:历史·文化·哲学的视角[J].自然辩证法研究,2003(1):55.

[110]马惠娣.大旅游视野中的休闲产业[J].杭州师范学院学报(社会科学版),2003(2):39－45.

[111]马惠娣.中国学术界首次聚焦休闲理论问题研究:"2002－中国:休闲与社会进步学术研讨会"综述[J].自然辩证法研究,2003(2):80－84.

[112]马惠娣.休闲:人类美丽的精神家园[M].北京:中国经济出版社,2004.

[113]马惠娣.走向人文关怀的休闲经济[M].北京:中国经济出版社,2004.

[114]马惠娣,张景安.中国公众休闲状况调查[M].北京:中国经济出版社,2004.

[115]马惠娣.闲暇时间与"以人为本"的科学发展观[J].自然辩证法研究,2004(6):100－102.

[116]马克思,恩格斯.德意志意识形态[M].北京:人民出版社,1961.

[117]马克思.资本论[M].北京:人民出版社,1975.

[118]马克思,恩格斯.马克思恩格斯全集:第26卷[M].北京:人民出版社,1980.

[119]马克思,恩格斯.马克思恩格斯全集:第46卷[M].北京:人民出版社,1980.

[120]马勇,周青.休闲学概论[M].重庆:重庆大学出版社,2008.

[121]曼德维尔.蜜蜂的寓言[M].肖聿,译.北京:中国社会科学出版社,2002.

[122]曼蒂.闲暇教育理论与实践[M].叶京,潘敏,鲍建东,等译.北京:春秋出版社,1989.

[123]苗建军.中心城市:休闲经济的空间视点[J].自然辩证法研究,2003(11):73－78.

[124]孟元老.东京梦华录[M].上海:古典文学出版社,1956.

[125]南怀瑾.南怀瑾选集:第1卷[M].上海:复旦大学出版社,2003.

[126]南怀瑾.南怀瑾选集:第10卷[M].上海:复旦大学出版社,2003.

[127]尼科尔森.微观经济理论:基本原理与扩展[M].朱宝宪,宁向东,吴洪,等译.3版.北京:中国经济出版社,1999.

[128]派恩,吉尔摩.体验经济[M].夏业粮,鲁炜,等译.北京:机械工业出版社,2002.

[129]皮珀.闲暇:文化的基础[M].刘森尧,译.北京:新星出版社,2005.

[130]卿前龙,胡跃红.休闲产业:国内研究述评[J].经济学家,2006(4):40－46.

[131]卿前龙.休闲服务与休闲服务业发展[M].北京:经济科学出版社,2007.

[132]裘锡奎.文字学概要[M].北京:商务印书馆,2004.

[133]冉斌.我国休闲旅游发展趋势及制度创新思考[J].经济纵横,2004(2):25—28.

[134]单麦琴.浅谈休闲的经济学意义[J].经济师,2003(3):257.

[135]斯密.国民财富的性质和原因的研究[M].郭大力,王亚南,译.北京:商务印书馆,1985.

[136]宋瑞.浅论休闲经济[J].桂林旅游高等专科学校学报,2001(3):39—43.

[137]宋瑞.休闲:经济学分析与统计[J].旅游学刊,2002(6):26—31.

[138]宋瑞.2002—2004年中国旅游发展:分析与预测[M].北京:社会科学文献出版社,2003.

[139]宋瑞.国内外休闲研究扫描:兼谈建立我国休闲学科体系的设想[J].旅游学刊,2004(3):46—54.

[140]宋瑞.休闲消费和休闲服务调查:国际经验与相关建议[J].旅游学刊,2005(4):62—66.

[141]宋书彬.休闲之经济学分析[J].太原科技,2006(2):22—23,26.

[142]苏.休闲[M].姜依群,译.北京:商务印书馆,1996.

[143]苏树权.开发利用城郊小片森林建设休闲公园初探[J].广东林勘设计,2000(3):1—3.

[144]苏状."闲"与中国古代文人的审美人生[D].上海:复旦大学,2008.

[145]苏徐.休闲经济问题初探[J].生产力研究,2003(6):67—68.

[146]沈爱民.闲暇的本质与人的全面发展[J].自然辩证法研究,2004(6):95—97.

[147]沈诗醒.禅林漫步[M].上海:上海书店出版社,1993.

[148]孙海植.现代休闲社会[M].首尔:白山出版社,2002.

[149]孙海植.休闲学[M].朴松爱,李仲广,译.大连:东北财经大学出版社,2005.

[150]孙天厌.烟台构建休闲型城市的优势及对策[J].城市问题,2003(6):27—31.

[151]孙天厌.关注休闲:经济学视角[J].自然辩证法研究,2003(6):92—95.

[152]孙樱.我国城市老年人休闲行为初探[J].城市问题,2000(2):29—30.

[153]孙樱.北京城市老年休闲行为特征及其时空分异规律研究[D].北京:中国科学院地理科学与资源研究所,2001.

[154]唐雪琼.县级城镇居民休闲行为研究:以云南蒙自县为例[J].人文地理,2004(4):

41—44.

[155]唐任伍,周觉.论时间的稀缺性与休闲的异化[J].中州学刊,2004(4):26—30.

[156]唐湘辉.中国休闲经济理论研究与休闲经济学的构建[J].苏州大学学报(哲学社会科学版),2007(3):39—43.

[157]唐湘辉.休闲经济学:经济学视野中的休闲研究[M].北京:中国经济出版社,2009.

[158]汤超义,陈启杰."新时间四分法"及其在闲暇经济理论中的应用[J].学术月刊,2009(10):94—100.

[159]田晖.休闲消费简论[J].太原大学学报,2006(3):28—33.

[160]特莱伯.休闲经济与案例分析[M].李文峰,译.3版.沈阳:辽宁科学技术出版社,2007.

[161]托夫勒.第三次浪潮[M].朱志焱,潘琪,张焱,译.上海:生活·读书·新知三联书店,1983.

[162]万江洪.论闲暇消费[J].北京工商大学学报(社会科学版),2002,17(6):74—77.

[163]王昆吾.从敦煌学到域外汉文学[M].北京:商务印书馆,2003.

[164]王浪,张河清,杨斌.休闲时代的大众休闲消费教育研究[J].温州职业技术学院学报,2007,7(3):14—16.

[165]王宁.略论休闲经济[J].中山大学学报(社会科学版),2000(3):13—17.

[166]王婉飞.休闲管理[M].杭州:浙江大学出版社,2009.

[167]王雅林,董鸿扬.闲暇社会学[M].哈尔滨:黑龙江人民出版社,1992.

[168]王雅林.信息化与文明休闲时代[J].学习与探索,2000(6):74—78.

[169]王雅林,车路光.非在业群体闲暇生活质量考察[J].哈尔滨工业大学学报(社会科学版),2002(3):89—98.

[170]王雅林,刘耳,徐利亚.城市休闲[M].北京:社会科学文献出版社,2003.

[171]王雅林,徐利亚,刘耳.城市休闲:上海、天津、哈尔滨城市居民时间分配的考察[M].北京:社会科学文献出版社,2003.

[172]王国新.我国休闲产业与社会条件支持系统[J].自然辩证法研究,2001(12):59—61.

[173]王家骅.休闲绿地:城市环境建设的新形式[J].上海建设科技,2003(5)43,54.

[174]王琪延.国民闲暇活动核算研究[J].成人高教学刊,2000(3):7—10.

[175]王琪延.中国城市居民生活时间分配分析[J].社会学研究,2000(4):86—97.

[176]王琪延.中国大城市将首先进入休闲经济时代[J].学习论坛,2004(7):46—50.

[177]王琪延.休闲经济[M].北京:中国人民大学出版社,2005.

[178]王琪延,张卫红,龚江辉.城市居民的生活时间分配[M].北京:经济科学出版社,1999.

[179]王兴斌.中国休闲度假旅游的必由之路:从"黄金周"到带薪休假[J].旅游学刊,2002(4):51—55.

[180]王艳平.对国民休闲文化价值的认识及其权益属性的探讨:兼论日本社会休闲的运作机制[J].自然辩证法研究,2004(2):87—91.

[181]王纠.对欠发达地区女性休闲的调查分析[J].丽水师范专科学校学报,2002(4):30—32.

[182]王云才,郭焕成.略论大都市郊区游憩地的配置:以北京市为例[J].旅游学刊,2000(2):54—58.

[183]王德伟.休闲与休闲产品[J].自然辩证法研究,2001(5):62—63.

[184]王志威.论休闲[J].华南农业大学学报(社会科学版),2006,5(1):119—124.

[185]魏宝祥.影响我国旅游业发展的闲暇时间制度分析[J].甘肃科技,2004(2):38—39,37.

[186]魏小安.中国休闲经济[M].北京:社会科学文献出版社,2005.

[187]魏翔.基于闲暇时间—效用函数的居民消费研究:对中国数据的实证检验[J].经济科学,2006(4):104—113.

[188]魏翔.闲暇时间、不平等与经济增长:理论模型与跨国比较[J].数量经济技术经济研究,2007(2):106—114.

[189]魏翔,惠普科.闲暇时间与消费增长:对中国数据的实证研究[J].财贸经济,2007(11):82—88.

[190]魏翔,孙迪庆.闲暇经济理论综述及最新进展[J].旅游学刊,2008(4):13—18.

[191]魏永明.对 Gronau 时间分配三分法模型的再探讨[J].企业经济,2003(3):90—91.

[192]吴文新.试论休闲的人性意蕴和境界[J].自然辩证法研究,2004(1):85—89.

[193]吴承照.中国城乡居民闲暇使用现状与闲暇政策研究:城市旅游的理论与实践[M].北京:科学出版社,2001.

[194]吴承忠.国外休闲经济发展与公共管理[M].北京:人民出版社,2008.

[195]吴必虎.上海城市游憩者流动行为研究[J].地理学报,1994(4):74-84.

[196]吴必虎,黄安民,孔强.长春市城市游憩者行为特征研究[J].旅游学刊,1996(2):26-29,62-63.

[197]吴必虎.大城市环城游憩带(ReBAM)研究:以上海市为例[J].地理科学,2001(4):354-359.

[198]吴超.我国女性休闲初探[J].中华女子学院山东分院学报,2002(4):24-27.

[199]吴妍,王绪朗.小城镇居民闲暇生活方式初步研究:来自江汉平原毛嘴镇的调查[J].华中农业大学学报(社会科学版),1999(3):42-45.

[200]谢红霞.中国社会休闲方式的变迁与休闲产品的开发[J].山西财政税务专科学校学报,2005(4):53-56.

[201]兴膳宏.中国古典文化景致[M].李寅生,译.北京:中华书局,2005.

[202]许斗斗.休闲、消费与人的价值存在:经济的和非经济的考察[J].自然辩证法研究,2001(5):50-54.

[203]许斗斗.消费社会之休闲异化批判:波德里亚的休闲观评析[J].东南学术,2003(4):163-168.

[204]徐锋.旅游城市休闲服务业协调发展研究[J].旅游学刊,2001(5):70-74.

[205]徐锋.加入WTO与我国休闲服务贸易的发展:基于《服务贸易总协定》的探索[J].国际经贸探索,2003(1):51-54.

[206]徐明宏.休闲城市[M].南京:东南大学出版社,2004.

[207]肖星,李文兵,伍延基,等.城市建成区户外游憩系统初探:以兰州市为例[J].人文地理,2002(6):6-10,96.

[208]熊汉富.略论家庭消费可支配闲暇时间的确定[J].消费经济,2003(4):49-52.

[209]伊特韦尔,米尔盖特,纽曼.新帕尔格雷夫经济学大辞典:第3卷[M].北京:经济科学出版社,1996.

[210]严国泰.休闲街的品位与都市旅游:上海衡山路休闲街改造思索[J].同济大学学报

(社会科学版),2000(1):29—33.

[211]杨国良.城市居民休闲行为特征研究:以成都为例[J].旅游学刊,2002(2):52—56.

[212]杨国良.成都市民消费结构与休闲活动关系研究[J].地域研究与开发,2002(2):77—80.

[213]杨国良.城市居民休闲行为对娱乐业发展的影响研究:以成都为例[J].人文地理,2003(3):18—22.

[214]尹世杰.闲暇消费论[M].北京:中国财政经济出版社,2007.

[215]应爱玲,朱金福.高端教育产品消费行为对品牌偏好的影响研究[J].商业时代,2007(15):21—24.

[216]于光远.吃·喝·玩:生活与经济[M].上海:华东师范大学出版社,2001.

[217]于光远,马惠娣.关于消费在社会生活、经济运动中的地位和作用的对话[J].自然辩证法研究,2002(9):57—61.

[218]于光远.论普遍有闲的社会[J].自然辩证法研究,2002(1):41—44.

[219]于光远.论普遍有闲的社会[M].北京:中国经济出版社,2005.

[220]于光远,马惠娣.于光远马惠娣十年对话[M].重庆:重庆大学出版社,2008.

[221]袁中道.珂雪斋集[M].上海:上海古籍出版社,1989.

[222]原梅生,郭梅军.论旅游经济、休闲产业与产业结构调整[J].生产力研究,2002(5):228—232.

[223]殷红梅,许芳.城市公园游憩者时空分布规律初探[J].贵州师范大学学报(自然科学版),1999(2):76—80.

[224]岳培宇,楼嘉军.国内休闲理论研究阶段、重点及评述[J].北京第二外国语学院学报,2005(5):22—27,12.

[225]张广瑞,宋瑞.关于休闲的研究[J].社会科学家,2001(5):17—20.

[226]张旭昆,徐俊.消费的闲暇时间约束模型与假日经济现象[J].经济评论,2001(5):45—48.

[227]张景安,马惠娣.中国公众休闲状况调查[M].北京:中国经济出版社,2004.

[228]张莉.关于我国城市居民休闲消费的调查分析:以江苏无锡市居民为例[J].经济纵横,2002(11):20—23.

[229]张安,丁登山,沈思保,等.南京城市游憩者时空分布规律与活动频率分析[J].经济地理,1999(1):107—111.

[230]张萱.西园闻见[M].台北:明文书局,1991.

[231]赵羿,陈玮.发展城郊游憩活动的效益:以抚顺市高湾经济特区为例[J].生态学杂志,1998(5):59—62.

[232]郑春霞,陶伟.国外闲暇研究进展:ANNALS OF TOURISM RESEARCH 所反映的学术动态[J].桂林旅游高等专科学校学报,2004(3):17—21.

[233]郑胜华,刘嘉龙.世界休闲之都:21世纪杭州城市形象定位[J].旅游学刊,2002(1):36—39.

[234]中共中央马克思恩格斯列宁斯大林著作编译局.马克思恩格斯选集:第2卷[M].北京:人民出版社,1972.

[235]周常春,董武亮.近十年国内休闲与游憩研究综述[J].桂林旅游高等专科学校学报,2004(5):5—10.

[236]周雪晴.关于我国休闲产业及其发展问题的思考[J].肇庆学院学报,2001(3):73—75,80.

[237]朱广荣,刘邦凡.论马克思的休闲经济思想[J].理论前沿,2008(8):27—29.

附录一 "长三角高管人员闲暇消费研究"调查问卷

1. 您的性别:□男　□女
2. 您的年龄:□29岁以下　□30～39岁　□40～49岁　□50～59岁　□60岁以上
3. 您的学历:□大专及以下　□本科　□硕士　□博士
4. 贵单位是:□国企　□民企　□外企　□行政事业单位　□其他
5. 您的年收入:□50万元以下　□50万～100万元　□100万～500万元　□500万～1 000万元　□1 000万元以上
6. 您平均每月的休假时间:□2天以下　□3～4天　□5～7天　□8～11天　□12天以上
7. 您平均每月的闲暇消费金额:□1万元以下　□1万～2万元　□2万～5万元　□5万～10万元　□10万～20万元　□20万元以上
8. 您使用的住宅价格(按当前价估算,如有两套以上,则加总):□1 000万元以下　□1 000万～2 000万元　□2 000万～5 000万元　□5 000万～10 000万元　□10 000万元以上
8a. 您购买住宅的目的(多选):□让自己开心　□让自己更有身份　□使自己得到提高　□其他_____
9. 您使用的汽车价格(按购买价计算,如有两辆以上,则加总):□50万元以下　□50万～100万元　□100万～200万元　□200万元以上
9a. 您购买汽车的目的(多选):□让自己开心　□让自己更有身份　□使自己得到提高　□其他_____

10. 您打高尔夫吗？□是　□否(如选择"是",请回答 10a、10b、10c)

10a. 您平均每月为此费时：□4 小时以下　□4～8 小时　□8～16 小时　□16～32 小时　□32 小时以上

10b. 您平均每月为此花钱：□0.1 万元以下　□0.1 万～0.5 万元　□0.5 万～2 万元　□2 万元以上

10c. 您打高尔夫的目的(多选)：□让自己开心　□让自己更有身份　□使自己得到提高　□其他_____

11. 您旅游吗？□是　□否(如选择"是",请回答 11a、11b、11c)

11a. 您每年为此费时：□2 天以下　□3～5 天　□6～10 天　□11～20 天　□20 天以上

11b. 您每年为此花钱：□1 万元以下　□1 万～2 万元　□2 万～4 万元　□4 万～10 万元　□10 万元以上

11c. 您旅游的目的(可多选)：□让自己开心　□让自己更有身份　□使自己得到提高　□其他_____

12. 您参加高端教育吗？□是　□否(如选择"是",请回答 12a、12b、12c)

(注：高端教育是指高层次的培训、高层次的讲座、EMBA 等)

12a. 您每年为此费时：□5 天以下　□6～10 天　□11～20 天　□20～40 天　□40 天以上

12b. 您每年为此花钱：□2 万元以下　□2 万～4 万元　□4 万～10 万元　□10 万～20 万元　□20 万～40 万元　□40 万元以上

12c. 您参加高端教育的目的(可多选)：□让自己开心　□让自己更有身份　□使自己得到提高　□其他_____

13. 您喜欢交朋结友吗？□是　□否(如选择"是",请回答 13a、13b、13c)

13a. 您平均每月为此费时：□4 小时以下　□4～8 小时　□8～16 小时　□16～32 小时　□32 小时以上

13b. 您平均每月为此花钱：□0.1 万元以下　□0.1 万～0.5 万元　□0.5

附录一 "长三角高管人员闲暇消费研究"调查问卷

万～2 万元　□2 万～5 万元　□5 万元以上

13c. 您交朋结友的目的(可多选)：□让自己开心　□让自己更有身份　□使自己得到提高　□其他_____

14. 您喜欢购物吗？□是　□否(如选择"是"，请回答 14a、14b、14c)

14a. 您平均每月为此费时：□4 小时以下　□4～8 小时　□8～16 小时　□16～32 小时　□32 时以上

14b. 您平均每月为此花钱：□1 万元以下　□1 万～5 万元　□5 万～10 万元　□10 万～20 万元　□20 万元以上

14c. 您购物的目的(可多选)：□让自己开心　□让自己更有身份　□使自己得到提高　□其他_____

15. 您喜欢艺术品收藏吗？□是　□否(如选择"是"，请回答 15a、15b、15c)

15a. 您每年为此费时：□1 天以下　□2～4 天　□4～8 天　□9～15 天　□15 天以上

15b. 您每年为此花钱：□10 万元以下　□10 万～50 万元　□50 万～100 万元　□100 万～200 万元　□200 万元以上

15c. 您艺术品收藏的目的(可多选)：□让自己开心　□让自己更有身份　□使自己得到提高　□其他_____

16. 您还有哪些其他喜欢的闲暇消费项目？

(1)项目名称：_____；时间：_____小时/年；金额：_____元/年

您喜欢该项闲暇消费的目的(可多选)：□让自己开心　□让自己更有身份　□使自己得到提高　□其他_____

(2)项目名称：_____；时间：_____小时/年；金额：_____元/年

您喜欢该项闲暇消费的目的(可多选)：□让自己开心　□让自己更有身份　□使自己得到提高　□其他_____

17. 您喜欢您的工作吗？□很喜欢　□喜欢　□较喜欢　□不太喜欢　□很不喜欢

18. 您会以休闲的心态工作吗？□一直会　□经常　□有时　□不太会　□从来不会

19. 您会以休闲的心态陪伴家人吗？□一直会　□经常　□有时　□不太会　□从来不会

附录二　我的恩师陈启杰

老师,老师……

2020年1月30日,大年初六,惊闻您仙逝。陈栋兄告诉我,因为新冠疫情形势严峻,所以您的丧礼一切从简,不举行告别仪式。老师,我没能给您送别,我好难受,您在天国能听到我的哭声吗?

每年春节我都到您家拜年,向您汇报一年来的成绩。每年这个时候我都要"备课":该给您报告什么。斯人已逝,今后,我向谁诉说?

2019年2月9日,我给您拜年,您高兴地告诉我:陈栋生二胎了,儿子! 师母特地给我备了喜饼。但我也得到一个坏消息:您身体出了状况。

我俩一直保持联络,微信聊天记录历历在目。3月3日,您信心满满地说:"我对康复很有信心,相信会越来越好!"CT报告显示,病灶有所缩小,专家决定暂缓放疗,继续靶向治疗。除服药后有点反应外,您感觉病情好转。4月26日的CT报告既有好信息——颈部淋巴结明显缩小,也有坏消息——右肺部阴影有所增大。主治医师决定继续靶向治疗,一个疗程八周。这段时间,您感觉不错,体重还增加了2~3斤。

7月中旬,您的病情出现变化,下旬停止靶向治疗,实施化疗。由于化疗反应严重,8月8日,您住进了复旦大学附属肿瘤医院。8月20日是您第二次化疗后的反应高峰。8月21日,我赶到医院,看到您非常憔悴,脸上布满黑斑,人很疲惫,连说话的力气都没有。您断断续续地告诉我这段时间和病魔斗争的情况,眼中含着泪说:"超义,老师受苦了!"我心中阵阵酸楚。

熬过第三次化疗,您的身体有所好转,9月17日出院回家休养,29日再次入院。10月1日,您开始第四次化疗。您告诉我:"总体向好发展,关键看这次化疗。我坚信会越来越好!"10月27日,我陪同师兄宋教授和师弟王教授去医院看您,您的状态出人意料的好,那天,您说了很多话,我们都很高兴,聊了很久。您在和病魔顽强抗争中取得了胜利!我们都为您骄傲!不久,您出院回家。

　　12月31日晚,我发微信给您,但没收到您的回信,我有点担心。后来,您回复:"最近状况比较差,1月2日又住院了。"我提出要去看您,又没有回音,我有点不祥的预感。直到1月18日下午才收到您的回复:"很好!谢谢!"1月20日上午,我和您的得意门生李老师赶到医院,见到您,我吓坏了。您躺在病床上输氧,瘦骨嶙峋。曾经高大、魁伟、英俊的老师,被病魔折磨得不成样子了……师母说,您瘦了50多斤。您几乎无法说话,喉咙一直有痰,连咳嗽的力气都没有,只能雾化治疗。我们心情很沉重。离开医院后,李老师缓缓地对我说:"超义,不知其他同学是否了解老师的病情,要抓紧来探望啊!否则……"一语成谶,这次挥手,竟成永别。

　　大年初一,我发微信给您拜年,问候您的病情,您回复:"谢谢!"没想到,这是我收到您的最后一条微信。

　　老师,说"谢谢"的应该是我啊!我经过4年的奋战,考入上海财经大学,有幸成为您的弟子。当时,我正值事业爬坡期,工作非常繁忙。您经常"警告"我:"超义,财大的博士不好进,也不好出。你不能有任何懈怠!当心毕不了业!"因为"不能懈怠"的警钟长鸣,所以我每天"闻鸡起舞",刻苦学习,认真工作。因为您的严格要求,我得以成为班上为数不多按时毕业的博士。

　　您也是"永不懈怠"的楷模。您的行政工作繁忙,学术任务繁重,社会活动频繁。您70岁都没有退休,在工作岗位上奋斗到最后一刻!您多次获得"上海市劳动模范""上海市优秀教育工作者"等光荣称号。您在学术上硕果累累:获国家级和省市级科研和教学成果奖近40次,完成国家级和省部级课题20多项,在国内外高等级刊物上发表论文100多篇,出版著作30多部。您的许多成果是常人努力一辈子都无法取得的,您做了普通人几辈子都难以做到的事。老师,您是怎么做到的?您不仅在学术上给予我诸多指导,还是我心灵的导师。当我在行政工作遇到困惑、对有些事百思不得其解时,您开导我:"在组织中,越是和你亲近的人,越会与你保持距离。行政这事,到了一定阶段,结果和努力就没太多关系。"

老师,我要向您汇报一个重大决定:我要将人生又一次清零,开始第三次创业。我第一次创业是响应邓小平南方讲话号召,放弃市政府某局中层干部的岗位,选择"下海",当时,我 28 岁。我第二次创业是在企业做得风生水起时,离开熟悉的家乡,来到陌生的上海,开始"沪漂"的历险,那年,我 34 岁。3 年后,我机缘巧合进入高校,从事行政工作,并在 46 岁"高龄"时成为"汤博士"。56 岁,我要离开奋斗了十九年的高校行政岗位,全力以赴从事教学工作,为传播中华优秀文化而奋斗终身。老师,那天我很想告诉您这个决定,但欲言又止,您会同意的,是吗?

这些天,人们都在家中躲避疫情,喧嚣的上海突然变得非常寂静。中华民族正经历着一场疫情,而我则多了一份悲痛。大地那么肃静,是在为您致哀吗?是在为您送行吗?我站在窗前,默默地注视着远方,望着您驾鹤西去。

您的学生:汤超义
2020 年 1 月 30 日深夜

附录三　自然进入人生三重境界

各位嘉宾、各位亲人：

晚上好！欢迎各位光临！今天是小女、女婿的婚礼，也是外孙女源源的周岁宴。原计划去年举办的婚礼由于疫情推迟，因此今日二宴合一。非常感谢大家来分享我们的喜悦。

主持人安排我代表家长说几句。我就谈谈自己的学习心得、人生感悟吧！这既是对孩子的祝愿，也是对来宾的祝福。

王国维在《人间词话》里说：古往今来，要成就事业、做好学问，需要经过三重境界。第一，"独上高楼，望尽天涯路"；第二，"衣带渐宽终不悔，为伊消得人憔悴"；第三，"众里寻他千百度，蓦然回首，那人却在，灯火阑珊处"。简而言之，这三重境界可概括为三部曲：规划人生、艰苦奋斗、孤独登顶。

第一重境界：规划人生。旅行和流浪的区别何在？一个有目的地、有攻略，另一个漫无目的。怎样避免我们的人生变成流浪的人生？关键是看有没有规划。《孙子兵法》说："胜兵先胜而后求战，败兵先战而后求胜。"胜利的军队之所以胜利，是因为做好了取胜的准备工作，机会出现，立即进攻。失败的军队之所以失败，是因为不做任何准备，冲上去就打，希望侥幸取胜，概率很低，不可持续。

怎样规划人生？登高望远，"独上高楼，望尽天涯路"。父亲曾经给我留了一幅字叫做"龙马精神"。什么是"龙马精神"？有一天，我站在这幅字前，凝神端详，突然，灵光乍现。什么是龙？龙是中华文化的图腾，神龙现首不现尾，虚无缥缈，似有似无。什么是马？马就在我们身边，真真切切，实实在在。我突然明白：

龙,代表崇高远大的理想;马,代表脚踏实地的精神。没有崇高远大的理想,走不远;没有脚踏实地的精神,走不到。既有龙的远大理想,又有马的踏实精神,我们才能一步一步走向成功。

第二重境界:艰苦奋斗。刘耀粧的"人生银行理论"有两个重点:第一,总量守恒。人生在世,吃苦、享福总量相等。吃苦就像往银行存钱,享福就像从银行取钱。如果吃苦比享福多,就给未来积存了福报;如果享福比吃苦多,就透支了未来的福报。现在不吃苦,将来要吃回去;把福享完了,以后就没有了。第二,幅度平衡。吃多大的苦就会享多大的福;享多大的福就要吃多大的苦。刘耀粧是谁?她是一位语文老师、小学校长,她就是我的母亲。

大家理解我的诚惶诚恐吗?只要小日子过得很舒服,我就会问自己:"银行"还有余额吗?我每天五点多起床,读书学习。寒冬腊月,离开温暖的被窝很不舒服,闹钟响起,很挣扎、很痛苦。五分钟之内,如果"咬咬牙",就起来了。人生的差别,就在这五分钟,就在这"咬咬牙"。

怎么吃苦?反正要吃,与其被动,不如主动,开心吃苦。我每天跑10公里。因为我从事的是一个耗费脑力和体力的工作。有时连续几天上课,没有体力支撑是搞不定的。我坚持跑步的另一个原因是小汤的忽悠:"老爸,你不是要传播中华优秀传统文化吗?如果你到了100岁,还能传播,往那一坐,还没开口,你就是中华优秀传统文化。"家有小棉袄,温暖是温暖,但也有麻烦,她会让你不断地奔跑、快乐地奔跑。

第三重境界:孤独登顶。在鲜花和掌声中,人们很难进步。要想成为英雄,有一门必修课——孤独,初级教程是忍受孤独,高级教程是享受孤独。孤独是英雄的标配,自古英雄皆孤独。耐得住寂寞,才能成就辉煌;忍得了孤独,方可成为英雄!

很多人对老子的"不争"有误解,那是因为没有到达老子的层面。当我们上升到老子的思想高度,就会看淡世间各种纷争,理解他"不争"的豁达。很多人对佛的"慈悲心"不理解:可以关爱好人,怎能同情坏人!佛没有和坏人同处一个层面，不像普通人身处三维空间。加上了时间维度，佛站在了四维空间，能看到前世、今生、来世。佛看到了坏人当下的果，是有因，当下的恶行，又会结下恶果。因此，佛不会恨坏人，而是同情、感慨。有一句流行语叫作"降维打击"，其实，当一个人上升到更高的维度后，就不会去打击低维度的人。如果一个人"降维打击"，他就已经跌落到原来的维度了。

因此，当我们到达一定高度后，就不会纠缠过往的恩恩怨怨，鲜花和掌声就没有吸引力了，我们就会远离聚光灯，去到"灯火阑珊处"。当我们俯瞰芸芸众生，就进入了人生的第三重境界。

无论是处于生命的哪重境界，重点都是"自然"，自然地规划人生、自然地艰苦奋斗、自然地孤独登顶。如果不自然，就无法进入这个境界，即使进入，也无法持久。自然的体现是什么？那就是内心的平静，心静就会不累，心静才可持续。

向大家汇报，与大家共勉！谢谢大家！

汤超义
2021 年 11 月

致 谢

当我提笔之时,不禁感慨万千。

感谢上苍!一路走来,我遇见了那么多好人,给我创造了那么多机缘,还让我闯进上海。感谢上苍指引我走进闲暇消费研究的殿堂,让我把工作视为一种休闲,把学习当作一种乐趣。因为热爱,所以没有影响快节奏的工作;因为欣然,所以没有耽误高强度的学习。

感谢我的父母!听说我想考博,父亲非常高兴。在父亲弥留之际,我考博失利,我拉着他的手,向他承诺:我一定会努力的!一个个紧张忙碌的白天,一个个万籁俱寂的深夜,我凝望着父亲的遗像,眼泪禁不住夺眶而出。我擦干泪水,又投入了紧张的学习。经过了四次考试,我才如愿以偿考入上海财经大学。可是,父亲却无法与我分享成功的喜悦了……岳父曾参加我的硕士毕业典礼,当初我们相约,他还要参加我的博士毕业典礼,但慈祥的岳父突然驾鹤西归,这个愿望就无法实现了。博士毕业前,我郑重地向母亲发出邀请,希望她能出席我的博士毕业典礼,望着白花苍苍的母亲,我的紧迫感油然而生:很多时候我们是等不起的!

感谢我的爱妻罗彩兰!她温柔、善良、美丽,孝顺父母,待人友好,非常支持我的工作和学习。一个会心的微笑,一个轻轻的相拥,常常是我夜读的前奏;一片水果,一杯热茶,凝结着她的关爱,伴随着我度过了一个个紧张而愉悦的夜晚。有时,她帮我录入文稿;有时,她只是静静地坐在我的身旁,心与心默默地交流。"红袖添香夜读书"的场景,居然在上海一个闹中取静的空间——"闲怡轩"——

神奇地重现。

还有我的爱女汤落雁,我们相互感谢,就像朋友一样无话不谈。记得她十岁生日时,我带她去麦当劳,她端起饮料与我碰杯:"爸爸,非常感谢你对我十年的辛勤付出!"邻桌们纷纷投来惊讶、羡慕的目光。有一次,我诚挚地告诉女儿,非常感谢她,感谢她为自己带来了那么多快乐,她当时就哭了,可这确实是我的真情流露。她"不用扬鞭自奋蹄"的人生态度,留给了我很多认真工作和刻苦学习的时间。我博士二年级的时候,她考入上海财经大学,我们父女同校两年,她经常向我发出邀请:"汤师兄,共进午餐吧。"然后,我们相约在校园某个餐厅,共同探讨学习、点评时事、畅谈人生。此情此景,已成为我们美好的回忆,也是我们人生宝贵的精神财富。

感谢恩师!我的导师陈启杰教授,一直鼓励我、帮助我,对我不离不弃,最后收下了我这位43岁的"高龄"学生。陈老师常常鞭策我,要处理好繁忙工作和紧张学习之间的关系,他不仅诲人不倦,而且言传身教。虽然他担任了许多社会职务,工作非常繁忙,但他对我们的指导和培养却丝毫没有放松。我的院长夏大慰教授,也是我读博时的授课老师,他非常关心和支持我的学习。我永远不会忘记,在美国壮阔的大西洋岸边,在加拿大温暖的篝火旁,他和我谈论我的论文选题,望着腾腾的火光,"闲暇"这一关键词跳进了我的视野。我的导师李扣庆教授,是主管我的副院长,许多次出差途中,他指出我论文结构和观点存在的问题,给了我很多启发,也使我的论文日趋严谨和完善。三年的博士学习期间,还有许多帮助过我的老师,他们是陈信康教授、晁钢令教授、王新新教授、江若尘教授等。

感谢我的同学、朋友和同事们!小我18岁的"师兄"张锐,有着非常扎实的计量经济学功底,在这方面他给了我很多指导和帮助。师妹孟慧霞,研究能力很强,她看似不经意地点拨,经过我的思考、分析和打磨,就变成我研究中的亮点。师弟庄德林,在我的论文资料收集的过程中提供了很多帮助。还有其他师弟师妹们:夏茵、刘磊、王丽娟、马芳等,我们常常一起研讨,留下了很多美好的回忆。

还有我的朋友雷鹏、王胜强等，我的同事李艳、田蓓、于学涛、杨贵荣等，他们在我的论文写作过程中，为我提供了很多支持。

我要感谢南怀瑾大师，我永远记得他对我的谆谆教诲，记得他亲切地拉着我的手合影的场景，还有太湖大学堂深邃的夜空，让我体会到什么是博大精深。我还要感谢体悟法师，她对于人生的感悟、佛学的理解，让我印象深刻。大香林华林园千年的桂花树，让我对禅有了进一步的认识。

我要感谢上海国家会计学院，感谢她如诗如画的优美校园，感谢她和谐高雅的人文环境。在这里，我感悟着闲暇的真谛；在这里，我把工作当作一种休闲；在这里，我徜徉在梦中的家园。我要感谢外滩璀璨的灯火，它们坚定了我扎根上海的决心。我要感谢天山公园的鸟语花香，它们将春天的诗行写在了我的窗台上。我要感谢九洲大唐花园寂静的夜晚，那滴答滴答的挂钟声带给我无限的遐想。

我要感谢的人和事还有许多，纸短情长，恕未一一列出。

汤超义

后 记

转眼间,我博士毕业已是十年有余。

我的恩师和好友曾催促我整理博士论文并出版,以便与更多读者分享一些有价值的观点,而且,很多观点是有时效性的。这促使我重新审视自己:当初的研究现在还有价值吗?

我有一个重要的论点是"闲暇时间可延展理论":通过内求,社会义务时间和家庭义务时间可以转化为闲暇时间。

2012年,我和母亲、太太、女儿回老家。途中,母亲突感身体不适,在我们三人的哭喊声中,她躺在我的怀里,静静地离开了这个世界。想到父母总有一天会离去,可能会"子欲养而亲不待",我们就会珍惜和父母在一起的分分秒秒,家庭义务时间就变成了闲暇时间。

2012年,南怀瑾老师仙逝,我因故没能赶上告别会,留下巨大遗憾。正是那时,我坚定了传播中华优秀传统文化的决心。2018年1月,我写了10多年的《掌控人生主动权——孙子兵法与人生战略》一书出版,并受到读者欢迎。我又花了3 000多个小时修订,于两年后出版增补本。当我们把工作和苦读当作休闲时,社会义务时间就变成了闲暇时间。

2020年年初,我的导师陈启杰教授去世。未能送别恩师,我又一次感到巨大遗憾。我决定整理博士论文并成书,以此纪念恩师。我原本想大幅修改,按畅销书的手法将其改写成一本可读性强的著作,转念一想,还是应保留论文的基本原貌,以记录这段历史。因此,我只做了部分修改,并把原来学术性的题目《基于时间视角的闲暇消费研究——以长三角高管人员闲暇消费为例》，改成了现在的书名《闲暇创造价值——长三角高管人员闲暇消费研究》。

改革开放 40 多年来，中国经济高速发展，国民收入大幅增加。学者预测，中国也应该和西方发达国家一样，会在人均可支配收入超过 3 000 美元、居民家庭恩格尔系数低于 30％的时候，进入休闲时代。本书当初据此做了保守的预测：中国的"休闲时代"将在 21 世纪 20 年代末全面到来。早在 2015 年，全国人均可支配收入就达到 22 000 元人民币；2017 年，全国居民家庭恩格尔系数就达到了 29.3％。然而，中国的"休闲时代"没有如期而至的迹象。经济越发展，竞争反而变得更加激烈，"996"现象屡见不鲜：每天朝 9 晚 9，每周工作 6 天。某些情况下，"弹性工作制"让员工长时间处于工作状态，导致出现"007"现象：从 0 点到 0 点，每周工作 7 天。24 小时处于工作状态，全年无休。有个段子：某老板凌晨三点打一个员工的电话，打了几次，员工没接，老板还以为员工出事了，差点要报警。这说明老板经常半夜打员工的电话，员工及时接听是常态。员工的休闲时间被严重挤压，导致工作和休息的边界消失。于是，人们渴望休闲。

然而，空闲时间都能给人们带来快乐吗？

2022 年上半年，三个多月足不出户，使我对"闲暇"有了更深层次的感悟：闲暇必须以可控为前提。"暇"很重要！悠然愉悦、从容不迫的"闲"才有价值，才能创造价值。无所事事、焦虑不安的"闲"，只会给人带来巨大的心理压力。

140 多年前，尼采在《人性的，太人性的》中说："谁不把一天的三分之二留给自己，谁就是奴隶，无论他想成为怎样的人，政治家、商人、官员、学者等，都是一样。"人，对自己每天三分之二的时间应该是可控的，或者说，每天应该有三分之二的时间是在做自己愿意做、喜欢做的事，这才是真正意义上的"自由人"。当然，难度很大。

身不由己、忙闲不均是芸芸众生的常态。怎样"熨平"起伏的曲线？怎样让自己事务繁忙时有闲、闲得无聊时有事？在紧张繁忙的时候，"心闲"很重要，人们需要"闲暇时间的心理延展"，把部分社会义务时间、家庭义务时间转化为闲暇时间。在无所事事的时候,要拥有"心灵的绿洲",进入一个属于自己的世界,获得舒适、愉悦,不断进步,不断提高。怎样构建并完善自己"心灵的绿洲"？这值得我们思考。我的一种有效方式就是从中华优秀文化中吸取营养,正是在这里,我找到了与"闲暇研究"的结合点。

因此,主动地"有闲""有事",是掌控人生主动权的一种重要形式。主动的闲,才是闲暇,我们需要的是"可控闲暇"。

曹雪芹既是伟大的,也是幸运的,他留下了一本极具价值的畅销书,他的"荒唐言、辛酸泪、其中味"正被人们以各种方式解读。我们身处信息爆炸、快餐文化时代,写一本有价值的书相当艰难,写一本既有价值、又吸引读者的书难上加难。我不奢望有多少人阅读本书,更不奢望有人将本书读完,如果读者偶尔翻书至此,请分享我的人生感悟:"闲暇,必须既空闲又愉悦,这样才有价值,才能创造价值。""快乐工作,把部分社会义务时间变成闲暇时间;快乐生活,把部分家庭义务时间变成闲暇时间。"

我很幸运,能愉悦地做研究,能不功利地研究自己喜爱的领域,还能将成果运用到生活中,让自己受益匪浅！我想用个人的实践证明:本书的研究有价值。该研究如果对他人有所贡献,那我就太幸福了！

感谢上海国家会计学院为本书的出版提供资助！

汤超义
2023年秋于樱花阁